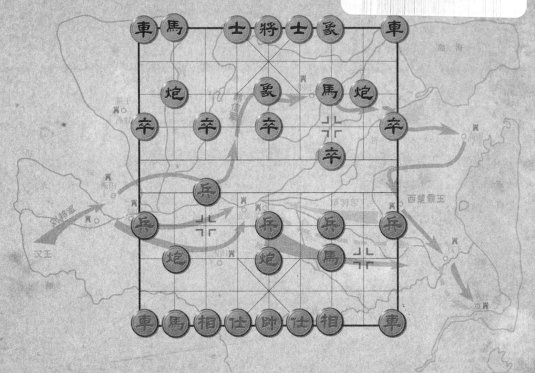

仙人指路对飞右象

陆伟韬 单欣 编

经济管理出版社·棋书中心

图书在版编目（CIP）数据

仙人指路对飞右象/陆伟韬，单欣编 . —北京：经济管理出版社，2014. 12

ISBN 978-7-5096-3355-7

Ⅰ.①仙… Ⅱ.①陆… ②单… Ⅲ.①中国象棋-布局（棋类运动） Ⅳ.①G891.2

中国版本图书馆 CIP 数据核字（2014）第 206888 号

组稿编辑：郝光明 王 琼
责任编辑：郝光明 史岩龙
责任印制：黄章平
责任校对：超 凡

出版发行：经济管理出版社
　　　　　（北京市海淀区北蜂窝 8 号中雅大厦 A 座 11 层 100038）
网　　址：www. E-mp. com. cn
电　　话：（010）51915602
印　　刷：保定金石印刷有限公司
经　　销：新华书店
开　　本：720mm×1000mm/16
印　　张：14. 5
字　　数：268 千字
版　　次：2014 年 12 月第 1 版 2014 年 12 月第 1 次印刷
印　　数：1-5000 册
书　　号：ISBN 978-7-5096-3355-7
定　　价：38. 00 元

总　序

　　具有初、中级水平的棋友，如何提高棋力？这是大家关心的问题。

　　一是观摩象棋大师实战对局，细心观察大师在开局阶段怎样舒展子力、部署阵型，争夺先手；在中局阶段怎样进攻防御，谋子取势、攻杀入局；在残局阶段怎样运子，决战决胜，或者巧妙求和。从大师对局中汲取精华，为我所用。

　　二是把大师对局按照开局阵式分类罗列，比较不同阵式的特点、利弊及对中局以至残局的影响，从中领悟开局的规律及其对全盘棋的重要性。由于这些对局是大师们经过研究的作品，所以对我们有很实用的价值，是学习的捷径。

　　本丛书就是为满足广大棋友的需要，按上述思路编写的。全套丛书以开局分类共51册，每册一种开局阵式。读者可以选择先学某册开局，并在自己对弈实践中体会有关变化，对照大师对局的弈法找出优劣关键，就会提高开局功力，然后选择另一册，照此办理。这样一册一册学下去，掌握越来越多的开局知识，你的开局水平定会大为提高，赢棋就多起来。

　　本丛书以宏大的气魄，把象棋开局及其后续变化的巨大篇幅展示在读者面前，是棋谱出版的创举，也是广大棋友研究象棋的好教材，相信必将得到棋友们的喜爱。

黄少龙

2013. 11. 6

前　言

　　众所周知，仙人指路是象棋布局体系中非常重要的一部分。在众多的布局种类当中，仙人指路属于温和型布局，红方第一步先行兵七进一或者兵三进一，因为不直接威胁对方子力，给对手留下了较大的选择空间，同时，己方阵型并没有因此定位，将来还可以还原中炮等布局，为接下来的排兵布阵留有更多的遐想。这也与中炮布局形成了鲜明的对比。

　　仙人指路布局后续变化较多，黑方飞右象也是常见的应着之一，本书作者对仙人指路对飞右象布局精心挑选了172局，多数对局是分出胜负的精彩对局，大致按照回合数排列。这172局对局当中，不乏全国冠军、专业棋手的精彩表演，各位棋界翘楚真操实练，在一次次的对战中不断发现、完善布局着数，这些智慧的结晶，这些博弈的精彩过程确实值得我们多次回味。

　　从棋手的角度分析，仙人指路布局颇受高水平棋手喜爱，一些顶尖棋手在布局选择时不一定会选择激烈的变化，但也不愿意平稳的和棋收场，而仙人指路恰恰处于两种风格之间，进可攻退可守。同样，它对棋手来说也是一个考验，如何在局面中审时度势、赢得先机，也正是仙人指路布局的魅力所在。

目 录

第一章 马八进七 ·· 1

  第 1 局 王天一负洪智 ·· 1

  第 2 局 邓桂林胜蔡佑广 ·· 2

  第 3 局 孙勇征胜胡玉山 ·· 3

  第 4 局 才溢胜黎德志 ·· 4

  第 5 局 许银川胜吕钦 ·· 5

  第 6 局 李来群胜徐健秒 ·· 6

  第 7 局 张申宏胜赵汝权 ·· 7

  第 8 局 李来群胜傅光明 ·· 8

  第 9 局 孙勇征胜陈富杰 ·· 9

  第 10 局 李翰林负李智屏 ······································· 10

  第 11 局 王天一胜郑一泓 ······································· 11

  第 12 局 王跃飞胜郑一泓 ······································· 12

  第 13 局 曹岩磊胜何文哲 ······································· 13

  第 14 局 张强胜吴宗滋 ··· 14

  第 15 局 周涛负聂铁文 ··· 15

  第 16 局 张兰天负孟辰 ··· 16

  第 17 局 谢岿胜宗永生 ··· 17

  第 18 局 谢岿负张晓平 ··· 18

  第 19 局 李智屏负郑一泓 ······································· 19

  第 20 局 王天一胜黄仕清 ······································· 20

  第 21 局 李雪松胜王晓华 ······································· 21

  第 22 局 卜凤波胜陶汉明 ······································· 22

  第 23 局 胡荣华胜傅光明 ······································· 23

  第 24 局 刘宗泽负黄仕清 ······································· 24

  第 25 局 李鸿嘉胜许文学 ······································· 25

第26局 阎文清负宗永生 …………………………………… 26

第27局 于幼华胜李鸿嘉 …………………………………… 27

第28局 谢岿负卜凤波 ……………………………………… 28

第29局 阎文清胜尚威 ……………………………………… 30

第30局 许银川负李锦欢 …………………………………… 31

第31局 胡庆阳胜万春林 …………………………………… 32

第32局 蒋川胜李锦欢 ……………………………………… 33

第33局 卜凤波负柳大华 …………………………………… 34

第34局 张强负胡荣华 ……………………………………… 36

第35局 谢岿胜朱琮思 ……………………………………… 37

第36局 张强胜陈启明 ……………………………………… 38

第37局 徐天红胜陶汉明 …………………………………… 39

第38局 李来群胜傅光明 …………………………………… 41

第39局 郑一泓负程鸣 ……………………………………… 42

第40局 王跃飞胜崔岩 ……………………………………… 43

第41局 李智屏胜曹岩磊 …………………………………… 44

第42局 卜凤波胜陈富杰 …………………………………… 46

第43局 李来群胜胡荣华 …………………………………… 47

第44局 谢靖胜赵金成 ……………………………………… 48

第45局 许国义胜于幼华 …………………………………… 49

第46局 谢岿胜林宏敏 ……………………………………… 51

第47局 孙勇征胜吕钦 ……………………………………… 52

第48局 宗永生负陈富杰 …………………………………… 53

第49局 宗永生胜臧如意 …………………………………… 55

第50局 宗永生胜尚威 ……………………………………… 56

第51局 庄玉庭负吕钦 ……………………………………… 57

第52局 赵国荣胜黄海林 …………………………………… 59

第53局 谢岿负程吉俊 ……………………………………… 60

第54局 苗永鹏胜宗永生 …………………………………… 61

第55局 程鸣负柳大华 ……………………………………… 63

第56局 李锦雄胜姚洪新 …………………………………… 64

第57局 孙勇征胜董旭彬 …………………………………… 66

第58局 许银川胜柳大华 …………………………………… 67

第59局 许银川胜陶汉明 …………………………………… 69

目 录

第 60 局　孟辰胜柳大华 ……………………………… 70
第 61 局　谢岿胜卜凤波 ……………………………… 71
第 62 局　王天一负庄玉庭 …………………………… 73
第 63 局　张学潮胜刘宗泽 …………………………… 75
第 64 局　聂铁文胜郑一泓 …………………………… 76
第 65 局　武俊强负许银川 …………………………… 78
第 66 局　张强负胡庆阳 ……………………………… 79
第 67 局　李来群负柳大华 …………………………… 81
第 68 局　苗利明胜赵金成 …………………………… 82
第 69 局　张江胜曹岩磊 ……………………………… 84
第 70 局　李鸿嘉胜蔡佑广 …………………………… 86
第 71 局　蒋川胜庄玉庭 ……………………………… 87
第 72 局　汤卓光胜蒋川 ……………………………… 89
第 73 局　李来群胜柳大华 …………………………… 91
第 74 局　吕钦胜柳大华 ……………………………… 92
第 75 局　汪洋胜陈富杰 ……………………………… 94
第 76 局　洪智胜赵金成 ……………………………… 96
第 77 局　阎文清胜尚威 ……………………………… 98

第二章　炮八平六 ………………………………………… 101
第 78 局　胡荣华胜傅光明 …………………………… 101
第 79 局　聂铁文胜臧如意 …………………………… 102
第 80 局　金波胜汤卓光 ……………………………… 103
第 81 局　赵攀伟负刘宗泽 …………………………… 104
第 82 局　孙勇征负庄玉庭 …………………………… 105
第 83 局　汪洋胜陶汉明 ……………………………… 106
第 84 局　张强胜王向明 ……………………………… 107
第 85 局　刘明胜宋国强 ……………………………… 108
第 86 局　于幼华胜李锦欢 …………………………… 109
第 87 局　陶汉明胜王晓华 …………………………… 110
第 88 局　孟辰胜何文哲 ……………………………… 111
第 89 局　洪智胜尚威 ………………………………… 112
第 90 局　金松负郑一泓 ……………………………… 113
第 91 局　李群负洪智 ………………………………… 114

第92局　赵玮胜赵利琴 …………………… 115
第93局　陈卓胜吴安勤 …………………… 116
第94局　陶汉明胜陈富杰 ………………… 117
第95局　李群胜张强 ……………………… 118
第96局　黎德志胜黄仕清 ………………… 119
第97局　金松胜汤卓光 …………………… 120
第98局　李来群胜傅光明 ………………… 121
第99局　黎德志胜刘宗泽 ………………… 122
第100局　赵玮胜蔡佑广 ………………… 124
第101局　黎德志胜黄仕清 ……………… 125
第102局　靳玉砚胜李家华 ……………… 126
第103局　程吉俊胜蔡佑广 ……………… 127
第104局　黎德志负邓桂林 ……………… 129
第105局　程吉俊负柳大华 ……………… 130
第106局　汪洋负陈泓盛 ………………… 131
第107局　李鸿嘉胜陶汉明 ……………… 132
第108局　陶汉明胜尚威 ………………… 133
第109局　洪智胜李锦欢 ………………… 135
第110局　赵玮负金波 …………………… 136
第111局　赵攀伟胜蔡佑广 ……………… 138
第112局　黄仕清胜赵顺心 ……………… 139
第113局　谢岿胜李智屏 ………………… 140
第114局　金波负洪智 …………………… 142
第115局　柳大华胜于幼华 ……………… 143
第116局　陶汉明胜蒋川 ………………… 145
第117局　程鸣胜杨德琪 ………………… 147
第118局　卜凤波负傅光明 ……………… 148
第119局　卜凤波负陶汉明 ……………… 150
第120局　李来群胜林宏敏 ……………… 152

第三章　炮八平五 …………………………… 155
第121局　孟立国负胡荣华 ……………… 155
第122局　李雪松胜徐崇峰 ……………… 156
第123局　杨德琪胜朱琮思 ……………… 157

第 124 局　董春华负陈翀……………………………………158

第 125 局　杨德琪胜尚威……………………………………159

第 126 局　靳玉砚负赵顺心……………………………………160

第 127 局　洪智胜阎文清……………………………………161

第 128 局　才溢胜蔚强………………………………………162

第 129 局　王天一负黄仕清……………………………………163

第 130 局　卜凤波胜龚晓民……………………………………164

第 131 局　肖革联胜龙龚………………………………………165

第 132 局　汪洋胜于幼华………………………………………166

第 133 局　郑惟桐负洪智………………………………………167

第 134 局　赵国荣负柳大华……………………………………168

第 135 局　金松负蔚强………………………………………169

第 136 局　肖革联负张申宏……………………………………170

第 137 局　许银川胜聂铁文……………………………………171

第 138 局　党斐胜盖明强………………………………………172

第 139 局　洪智胜汪洋………………………………………173

第 140 局　黄仕清胜万春林……………………………………174

第 141 局　洪智胜柳大华………………………………………175

第 142 局　周军负郑一泓………………………………………176

第 143 局　李家华负尚威………………………………………177

第 144 局　黎德志胜秦荣………………………………………178

第 145 局　洪智胜尚威………………………………………179

第 146 局　姚洪新胜颜成龙……………………………………181

第 147 局　谢卓淼负洪智………………………………………182

第 148 局　才溢负谢岿………………………………………183

第 149 局　商思源负王晓华……………………………………184

第 150 局　金波胜宋国强………………………………………186

第 151 局　徐超胜欧照芳………………………………………187

第 152 局　洪智胜刘昱………………………………………188

第 153 局　陈富杰胜邓颂宏……………………………………190

第 154 局　王天一胜张晓平……………………………………191

第 155 局　许银川负柳大华……………………………………193

第 156 局　蒋川胜陈翀………………………………………195

第四章　炮二平五 ·· 198

第157局　吕钦胜李锦欢 ··· 198

第158局　葛维蒲胜聂铁文 ······································ 199

第159局　才溢负宗永生 ··· 200

第160局　赵鑫鑫胜孙浩宇 ······································ 201

第161局　蒋全胜负于幼华 ······································ 202

第162局　赵鑫鑫负许银川 ······································ 203

第163局　苗永鹏胜蒋全胜 ······································ 205

第五章　马二进一 ·· 207

第164局　谢靖负柳大华 ··· 207

第165局　李鸿嘉胜黄伟 ··· 208

第166局　李鸿嘉胜胡永辉 ······································ 209

第167局　庄玉庭胜谢丹枫 ······································ 210

第168局　黄海林胜王新光 ······································ 211

第169局　庄玉庭胜李定威 ······································ 212

第170局　柳大华负李鸿嘉 ······································ 213

第171局　李鸿嘉胜张亮 ··· 215

第172局　潘振波胜朱琮思 ······································ 216

第一章　马八进七

第1局　王天一负洪智

(2012年第二届周庄杯海峡两岸象棋大师赛弈于昆山)

1. 兵七进一　象3进5　　　2. 马八进七（图1）卒7进1
3. 炮二平六　马8进7　　　4. 马二进三　马7进6
5. 车一平二　车9进1　　　6. 车二进四　炮8平6
7. 炮八平九　马2进3　　　8. 车九平八　车1平2
9. 车八进六　炮2平1　　　10. 车八进三　马3退2
11. 炮九进四　马2进3　　　12. 炮九退一　车9平4
13. 仕四进五　车4进5　　　14. 马七进八　车4平1
15. 马八进七　炮1退2　　　16. 兵七进一　马6进7
17. 相三进五？炮1平3　　　18. 马七进九　炮3进4
19. 炮九退一　马7进9！（图2）　20. 炮六退一　车1进2

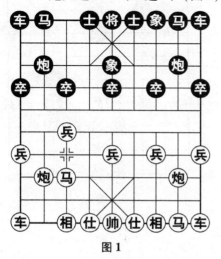

图1

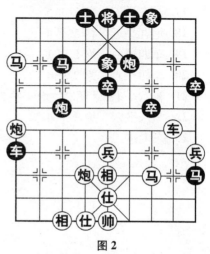

图2

21. 相五退三　车1平3　　　　22. 相七进九　车3平4

23. 相三进一　车4平2!

第2局　邓桂林胜蔡佑广

（2012年第五届杨官璘杯全国象棋公开赛弈于东莞）

1. 兵七进一　象3进5
2. 马八进七　卒7进1
3. 炮八平九　马2进3
4. 车九平八　车1平2
5. 炮二平六　马8进7
6. 马二进三　马7进6
7. 车一平二　炮8平6
8. 车二进六　士4进5
9. 车二平四　马6进7
10. 车八进六　车9平8
11. 相七进五　卒3进1
12. 兵七进一　象5进3
13. 马七进六　象3退5
14. 炮九进四　车8进5?（图1）
15. 马六进七　卒7进1?
16. 炮九进一!　炮2退1
17. 马七进五!　象7进5
18. 炮九平五　将5平4
19. 车四退一　炮6退1
20. 车四平六　炮2平4
21. 车六平七!（图2）炮4平2
22. 车八平六　炮2平4
23. 车七进二

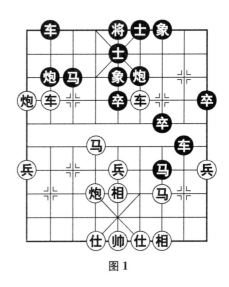

图1

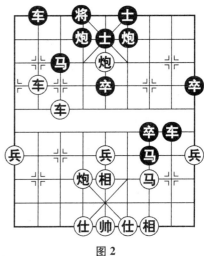

图2

第3局 孙勇征胜胡玉山

（1997 年全国象棋个人赛弈于漳州）

1. 兵七进一　象 3 进 5
2. 马八进七　卒 7 进 1
3. 炮二平六　马 8 进 7
4. 马二进三　车 9 进 1
5. 车一平二　马 7 进 6
6. 车二进四　炮 8 平 6
7. 仕六进五　车 9 平 4
8. 相七进五　马 2 进 3
9. 炮八退二　车 4 进 5
10. 车九进二　士 4 进 5
11. 炮八平六　车 4 平 2
12. 车二平一　炮 2 平 1
13. 车一进二　车 1 平 2
14. 车一平四　后车进 4
15. 后炮平七　马 6 进 7
16. 马七进六　前车平 4
17. 炮七平六　车 4 平 1
18. 车九平七　卒 1 进 1？（图 1）
19. 兵七进一！车 2 平 3
20. 车七平八　马 3 退 4
21. 车八进七！（图 2）车 1 进 3
22. 前炮进七　士 5 退 4
23. 车八平六　将 5 进 1
24. 车四平三

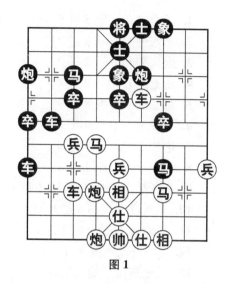

图 1

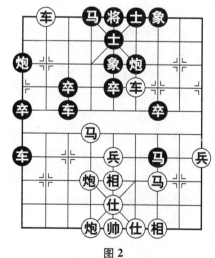

图 2

第4局 才溢胜黎德志

（2009年蔡伦竹海杯全国象棋精英邀请赛弈于耒阳）

1. 兵七进一　象3进5
2. 马八进七　马8进7
3. 炮八平九　炮2平3
4. 相七进五　马2进4
5. 马二进一　炮8平9
6. 车一进一　车9平8
7. 炮二平三　车8进4
8. 车一平六　车1进1
9. 车九平八　卒3进1？（图1）
10. 车八进五　马4进6
11. 车六进五　士6进5
12. 车八平七　车8平3
13. 兵七进一　炮3进5
14. 炮三平七　炮9进4
15. 仕四进五　卒7进1
16. 车六平五　马7进6
17. 炮七进二！前马进5
18. 炮七平五　马5进3
19. 车五平一　炮9平1
20. 车一平四　马6退8
21. 帅五平四　马3退2
22. 马一进二！（图2）马2进1
23. 马二进三　马1退3
24. 马三进一

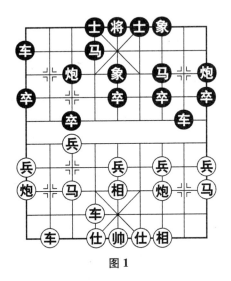

图1

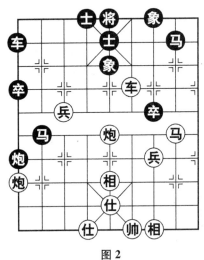

图2

第5局　许银川胜吕钦

（2006年西乡引进杯全国象棋个人赛弈于深圳）

1. 兵七进一　象3进5
2. 马八进七　卒7进1
3. 炮二平六　马8进7
4. 马二进三　车9进1
5. 马七进六　车9平6
6. 车九进一　炮2平3?（图1）
7. 车一平二　炮8平9
8. 相三进五　马2进4
9. 车九平八　车1平2
10. 炮八进四　卒3进1
11. 兵七进一　象5进3?
12. 车二进四　炮3平4
13. 炮六平九　炮4平1
14. 兵三进一　卒7进1
15. 车二平三　车6进1?
16. 炮九平六　炮9退1
17. 炮六进六　炮9平7
18. 车三平五　炮7进6
19. 马六进五!　炮1平5
20. 马五退七　士6进5
21. 炮六平七　将5平6
22. 炮八平四!（图2）车6进1
23. 车八进八　车6进6
24. 帅五进一　马7进6
25. 马七进五　马6退4
26. 马五进三

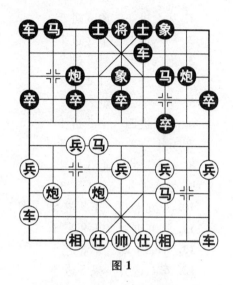

图1

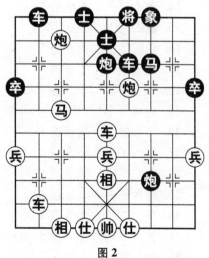

图2

第6局　李来群胜徐健秒

（1998年深圳全国象棋个人赛）

1. 兵七进一　象3进5
2. 马八进七　卒7进1
3. 炮二平五　马8进7
4. 马二进三　马2进4
5. 车一平二　炮8进2
6. 车二进四　卒3进1
7. 兵七进一　炮8平3
8. 马七进六　炮3平4
9. 炮八平九　车1平3
10. 车九平八　车3进5?（图1）
11. 炮九进四　车9平8
12. 车二平四　车8进6
13. 车八进五　象5进3
14. 车八进一　车3进4
15. 仕四进五　象3退5?
16. 炮五平七！士4进5
17. 炮九进三　士5进6
18. 相三进五　车3退1
19. 炮九平七！（图2）马4进3
20. 车八进一　象5退3
21. 车八平七　马3进4
22. 车四平六　象3进5
23. 车六进一　士6退5
24. 车六进三　士5退4
25. 车六平四　士4进5
26. 炮七进二　车8平7
27. 车七平五　马7进8

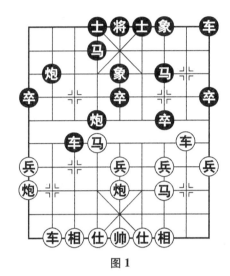

图1

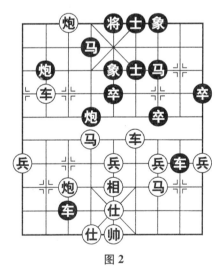

图2

28. 车五平二

第7局 张申宏胜赵汝权

（2010年东莞凤岗季度象棋公开赛）

1. 兵七进一　象3进5
2. 马八进七　马8进9
3. 马七进六　马2进3
4. 炮二平五　车9进1
5. 马二进三　车9平4
6. 炮八进二　炮8进3？（图1）
7. 炮五平六　车4平6
8. 相七进五　卒3进1
9. 车一平二　卒3进1
10. 车二进四　卒3平4
11. 车九平七！　马3退5
12. 车二平六　车6进3
13. 兵三进一　马5进7
14. 马三进四　士6进5
15. 车七进七　炮2退1
16. 炮八进三　车1平3
17. 车七进二　象5退3
18. 炮六平七！　马9退8
19. 马四进六　将5平6
20. 仕六进五　车6退2
21. 炮八平七　车6平4
22. 后炮进七　将6进1
23. 前炮平九　炮2平3
24. 炮九退二！（图2）车4进1
25. 车六平四　士5进6
26. 车四进三　将6平5
27. 马六进四　将5退1

28. 炮七平三

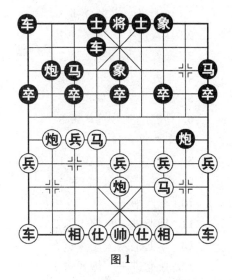

图1

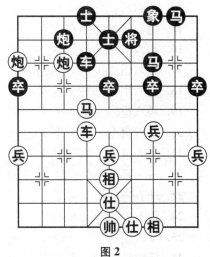

图2

第 8 局　李来群胜傅光明

（1987 年全国象棋团体赛弈于番禺）

1. 兵七进一　　象 3 进 5
2. 马八进七　　卒 7 进 1
3. 炮八平九　　马 2 进 3
4. 车九平八　　车 1 平 2
5. 炮二平六　　马 8 进 7
6. 马二进三　　马 7 进 8
7. 车八进六　　车 9 进 1
8. 马七进六　　车 2 进 1?（图 1）
9. 相三进五　　炮 2 平 1
10. 车八平七　　车 9 平 6
11. 兵七进一！　炮 1 退 2
12. 车七平六　　士 4 进 5
13. 兵七进一　　炮 8 进 1
14. 车六进二　　车 2 平 4
15. 炮六进六　　车 6 进 4
16. 马六进八　　马 3 退 2
17. 炮六退二　　炮 8 退 1?
18. 炮六平九　　马 2 进 4
19. 马八进六　　车 6 平 4?
20. 马六进七　　炮 1 平 2
21. 车一进一　　炮 2 进 9
22. 车一平八！（图 2）车 4 进 4
23. 帅五进一　　车 4 平 5
24. 帅五平六　　马 8 退 7
25. 车八退一　　车 5 退 2
26. 后炮平六　　士 5 退 4
27. 炮九进三　　将 5 进 1
29. 炮六进六

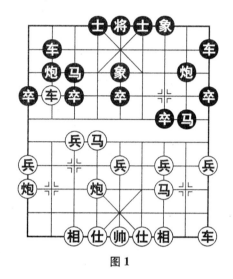

图 1

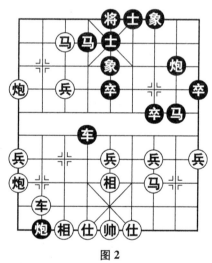

图 2

28. 马七退六　　将 5 平 6

第9局 孙勇征胜陈富杰

（2001年九天杯全国象棋大师冠军赛弈于柳林）

1. 兵七进一　象3进5
2. 马八进七　卒7进1
3. 炮二平六　马8进7
4. 马二进三　马7进8？（图1）
5. 炮八进三　马8进7
6. 车一平二　车9进1
7. 马七进六　车9平6
8. 车二进四　炮8平7
9. 相七进五　马2进3
10. 车九平七　炮2退2
11. 车二进三！车6平7
12. 炮八进一　士4进5
13. 马六进五　炮7平6
14. 马五退六？炮2平4
15. 马六进七　车1平2
16. 车七平八　车7进2？
17. 炮八平三　车2进9
18. 仕四进五　马7退6
19. 兵五进一　炮4平3
20. 兵五进一　炮3进3
21. 兵五平四　车2退5
22. 马三进二　卒7进1
23. 兵四进一！（图2）卒7平8
24. 炮三平七　车2退1
25. 炮六平七　象5进3
26. 兵七进一　炮6平4
27. 前炮平五　将5平4
28. 炮七进五　车2进2
29. 兵七平六

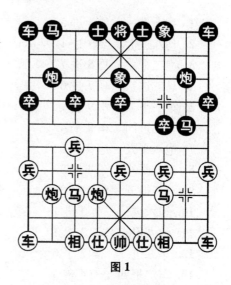

图1

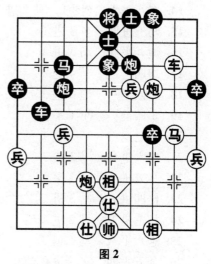

图2

第10局　李翰林负李智屏

（2013年QQ游戏天下棋弈全国象棋甲级联赛弈于滕州）

1. 兵七进一　象3进5
2. 马八进七　卒7进1
3. 炮二平六　马8进7
4. 马二进三　马7进6
5. 车一平二　车9进1
6. 车二进四　车9平4
7. 炮八平九　炮8平6
8. 车九平八　车4进5
9. 马三退五　车4平3
10. 炮六进一　卒3进1
11. 炮九退一　车3退1
12. 车二进二　车3平6
13. 车二平四　士4进5
14. 车八进六？（图1）马2进3！
15. 马五进四　卒3进1
16. 炮九平四　马3进4
17. 炮四进三　马4退2
18. 车四退一　炮6进3
19. 车四退一　车1平4！
20. 马七退五　卒3进1
21. 炮六进一　马2进3
22. 马五进三　卒3平4
23. 仕四进五　马3进2
24. 相三进五　马2进1
25. 炮六平八　马1退3
26. 帅五平四　车4进4
27. 兵三进一　象5进3！（图2）
28. 兵三进一　车4平7
29. 车四进五？将5平6

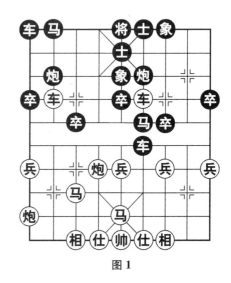

图1

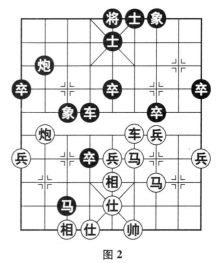

图2

第 11 局　王天一胜郑一泓

（2014 年第四届周庄杯海峡两岸象棋大师赛弈于昆山）

1. 兵七进一　象 3 进 5
2. 马八进七　卒 7 进 1
3. 马七进六　马 8 进 7
4. 炮二平六　炮 8 进 3
5. 相三进五　卒 7 进 1？（图 1）
6. 马六进七　卒 7 进 1
7. 马二进四　马 7 进 6
8. 炮八平七　车 9 进 1
9. 车九平八　炮 2 平 3
10. 车一平二　炮 8 退 2
11. 车二进五　车 9 平 6
12. 车八进七！炮 8 退 1？
13. 车八退二　马 6 进 4
14. 马七退六　车 6 进 7
15. 车八进三！炮 3 进 5
16. 车二进二　炮 3 进 1
17. 车二退二　炮 3 平 4
18. 马六进七　车 6 退 2
19. 车二退四　炮 4 平 6
20. 炮六平八　士 4 进 5
21. 炮八进一！（图 2）车 6 退 4
22. 炮八进六　卒 7 进 1
23. 仕六进五　车 6 进 3
24. 相七进九　炮 6 平 7
25. 相五退三　车 6 进 1
26. 车二进四　士 5 进 4
27. 车二平八　士 6 进 5
28. 前车平七　车 6 平 5
29. 车七进一　士 5 退 4
30. 马七进九！

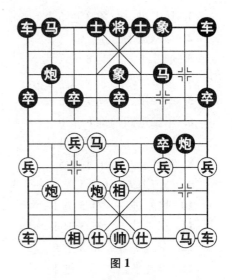

图 1

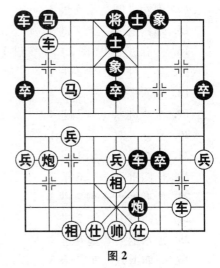

图 2

第 12 局　王跃飞胜郑一泓

（2012 年伊泰杯全国象棋甲级联赛弈于呼和浩特）

1. 兵七进一　象 3 进 5
2. 马八进七　卒 7 进 1
3. 炮二平六　马 8 进 7
4. 马二进三　车 9 进 1
5. 车一平二　马 7 进 6
6. 车二进四　炮 8 平 6
7. 炮八平九　车 9 平 4
8. 车九平八　车 4 进 5
9. 马三退五!（图 1）车 4 平 3
10. 炮六进一　卒 3 进 1
11. 车二进二　车 3 退 1
12. 车二平五　车 3 平 6
13. 车五平四　卒 3 进 1?
14. 炮六进四!　象 5 进 3
15. 炮六退二　象 7 进 5
16. 兵五进一!（图 2）卒 3 进 1
17. 兵五进一　卒 3 进 1
18. 炮六平四　卒 3 平 4
19. 车八进六　马 2 进 4
20. 马五进六　车 6 进 1
21. 车八平六　车 1 进 1
22. 仕四进五　车 6 平 7
23. 仕五进六　车 7 进 3
24. 炮四退五　炮 2 进 7
25. 仕六退五　炮 6 进 7
26. 车四退六　车 7 退 3
27. 兵五进一　马 4 进 5?
28. 炮九平五　士 4 进 5
29. 车四进六　车 1 平 3
30. 车四平五　象 3 退 1
31. 车五进一

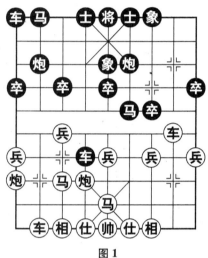

图 1

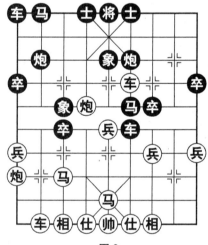

图 2

第13局 曹岩磊胜何文哲

（2013年重庆首届学府杯象棋赛）

1. 兵七进一　象3进5
2. 马八进七　马8进7
3. 炮八平九　车9进1
4. 车九平八　炮2平4
5. 兵三进一　马2进4？（图1）
6. 马二进三　马4进6
7. 相三进五　卒7进1
8. 马三进四　卒7进1
9. 马四进五　马7进6
10. 相五进三　后马进8
11. 车一平三　车9平4
12. 炮二进五　炮4平8
13. 相三退五　炮8平9
14. 车八进五！炮9平4
15. 车三进六　车4平6
16. 马七进六　马6进4
17. 马五退六　炮9进3
18. 帅五进一　车6进8？
19. 车三平二　车1进1
20. 车八平四　车6平4
21. 车二平四　士4进5
22. 马六进七　车4退3
23. 兵七进一　车1平3
24. 炮九进四　炮9退5
25. 马七进五！（图2）象7进5
26. 炮九平一　车3平4
27. 帅五平四　前车进2

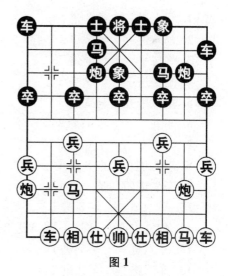

图1

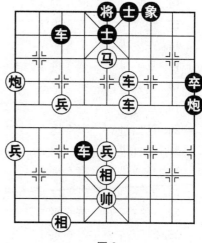

图2

28. 帅四进一　士5进6
29. 前车进一　后车平9
30. 前车平五　将5平4
31. 车四进四　将4进1
32. 车五平八

第14局　张强胜吴宗滋

（2013年第三届"辛集国际皮革城杯"象棋公开赛）

1. 兵七进一　象3进5
2. 马八进七　卒7进1
3. 炮二平六　马8进7
4. 马二进三　车9平8
5. 炮八平九　马2进3
6. 车九平八　车1平2
7. 车一平二　士6进5
8. 车八进六　炮8进1
9. 车二进四　卒3进1
10. 车八退二　炮8进1
11. 炮九进四？（图1）马3进2
12. 车八进一　卒7进1
13. 车八进二　车2进2
14. 车二平三　炮8进3？
15. 炮六平二　车8进7
16. 车三进三　车8平7
17. 马七进六　卒3进1
18. 马六进四　车7平6
19. 马四进六　车2平3
20. 仕四进五　车6退5
21. 炮九进三　车3退2？
22. 马六进七　将5平6
23. 车三进一！（图2）车6进2
24. 车三平五　车6平1
25. 车五进一　将6进1
26. 马七退五　将6进1
27. 马五进六！将6退1

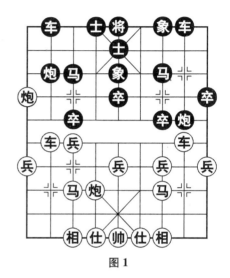

图1

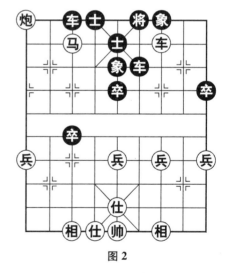

图2

28. 车五平三　将6平5
29. 车三退一　将5退1
30. 马六退五　车3进2
31. 马五进七　将5平4
32. 炮九平八

第 15 局 周涛负聂铁文

（2009 年惠州华轩杯全国象棋甲级联赛）

1. 兵七进一　象 3 进 5
2. 马八进七　卒 7 进 1
3. 炮八平九　马 2 进 3
4. 车九平八　车 1 平 2
5. 炮二平六　马 8 进 7
6. 马二进三　马 7 进 6
7. 车八进六　车 9 进 1
8. 炮九进四　车 9 平 4
9. 仕四进五　车 4 进 5
10. 相三进五　炮 8 平 6
11. 车一平二？（图 1）卒 3 进 1！

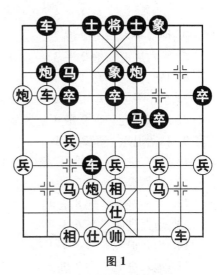

图 1

12. 车二进六　士 4 进 5
13. 车二平四　马 6 进 7
14. 炮九进一？卒 3 进 1
15. 炮九平七　炮 6 平 3
16. 车八平七　车 2 平 3
17. 车四退三　卒 7 进 1
18. 车四进二　炮 2 进 6
19. 相五进三　卒 3 进 1
20. 马七退九　炮 2 平 3
21. 车七平八　车 4 退 1
22. 炮六平五　车 4 平 7
23. 炮五进四　车 7 退 2
24. 车四退二　后炮进 1
25. 炮五退二　马 7 进 9
26. 帅五平四　将 5 平 4
27. 车四退一　马 9 进 8！（图 2）

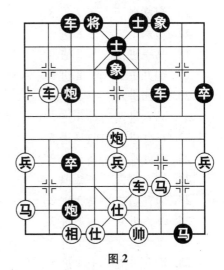

图 2

28. 车八退四　马 8 退 7
29. 车四平三　车 7 进 4
30. 车八平三　车 3 平 2
31. 车三平六　将 4 平 5
32. 车六平四　后炮退 3
33. 车四进四　车 2 进 8

第16局　张兰天负孟辰

（2011年第一届武汉市江城浪子杯全国象棋公开赛）

1. 兵七进一　象3进5
2. 马八进七　卒7进1
3. 炮二平六　马8进7
4. 马七进六　炮8进3
5. 马六进七　炮2平3
6. 马二进三　马2进4
7. 车一平二　车1平2
8. 炮八平九　车9平8
9. 马七退六　车2进1
10. 相三进一？（图1）卒7进1
11. 马六退五　卒7平6
12. 兵三进一　炮8进1！
13. 炮九进四　卒6平7
14. 炮九退二　炮3平1
15. 炮六进五　马7进6
16. 炮六退四　卒7平8
17. 炮六平二　卒8进1
18. 马三进四　车2进4！
19. 炮九进二　车8进5
20. 马四进六　车2退1
21. 马六进四　马4进6
22. 车九进一　前马进5
23. 车九平六　马5退3
24. 相七进九　车2退1
25. 炮九退二　马3进2
26. 车六进六　炮1进2
27. 车六退二　炮1进2
28. 炮九进五　士4进5
29. 马五进七　炮1平2
30. 马七进八　车8平1

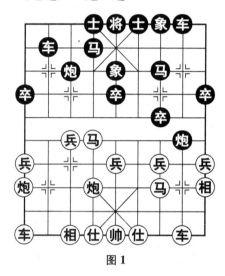

图1

31. 车二进三　马2进1！（图2）
32. 马八进六　马1退3
33. 车六退四　炮2进3
34. 帅五进一　车2平4！

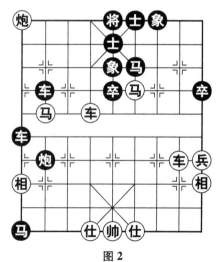

图2

第17局 谢岿胜宗永生

（2006年西乡引进杯全国象棋个人赛弈于深圳）

1. 兵七进一　象3进5　　　2. 马八进七　卒7进1

3. 炮八平九　马2进3　　　4. 车九平八　车1平2

5. 炮二平六　马8进7

6. 马二进三　马7进6

7. 车八进六　炮2平1

8. 车八进三　马3退2

9. 车一平二　车9进1

10. 车二进四　炮8平6

11. 炮九进四　马2进3

12. 炮九退一　车9平4

13. 仕四进五　车4进3?（图1）

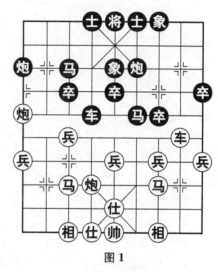

图1

14. 炮九平四　车4平6

15. 兵三进一　卒7进1

16. 车二平三　车6平1

17. 马七进六　炮1进4

18. 马六进七　车1平2　　19. 相三进五　士4进5

20. 车三进二　卒9进1　　21. 兵五进一　炮1退1

22. 兵五进一　卒5进1　　23. 马三进五　卒5进1

24. 马五进三　车2平7?

25. 车三平四　象5退3

26. 马三进五　炮6平8

27. 车四平二　炮8平5

28. 炮六进三!　车7进2

29. 炮六平九　炮1进1

30. 车二平三　车7平9

31. 炮九进四　象3进1

32. 车三进三　炮5进1?

33. 炮九退六　车9平1

34. 车三退二!（图2）马3退1

35. 车三平五

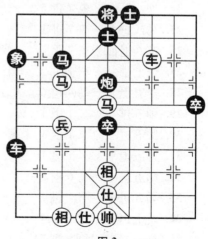

图2

第18局 谢岿负张晓平

（2005年第一届威凯房地产杯全国象棋排名赛弈于北京）

1. 兵七进一　象3进5
2. 马八进七　卒7进1
3. 炮八平九　马2进3
4. 车九平八　车1平2
5. 炮二平六　马8进7
6. 马二进三　车9平8
7. 车一平二　炮8进4
8. 车八进六　士6进5
9. 炮九进四　炮2平1
10. 车八进三　马3退2
11. 车二进一　马2进3
12. 炮九退二　卒3进1
13. 兵七进一　象5进3
14. 车二平八　马7进6
15. 车八进六　马3进4
16. 炮九进一　马6进5
17. 马七进八？（图1）马5退3

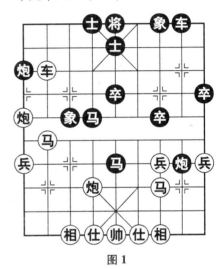

图1

18. 炮六退一　马4进5！
19. 炮九平八　马5进4
20. 仕六进五　炮8平1
21. 相七进九？车8进6
22. 相九进七　车8平7
23. 炮八进一　前炮平2！
24. 炮八平七　象7进5
25. 马八进九　车7进1
26. 车八退四　车7平1
27. 炮七平一　车1进2
28. 仕五退六　马4退6
29. 帅五进一　车1退1
30. 帅五进一　车1退1
31. 帅五退一　车1进1
32. 帅五进一　马6退5
33. 马九进七　卒7进1
34. 马七退五　车1平4
35. 炮一平三　象5进7！（图2）

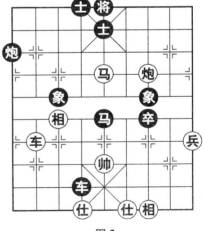

图2

第19局 李智屏负郑一泓

（2012年伊泰杯全国象棋甲级联赛弈于呼和浩特）

1. 兵七进一　象3进5
2. 马八进七　卒7进1
3. 炮二平六　马8进7
4. 马二进三　车9进1
5. 车一平二　马7进6
6. 车二进四　炮8平6
7. 炮八平九　车9平4
8. 车九平八　车4进5
9. 马三退五　车4平3
10. 炮九退一　马6进5
11. 炮九平七　马5进3
12. 车八进二　车3平7
13. 马五进七　卒7进1
14. 车二进二　马2进4
15. 马七进六　车1进1
16. 车二平三　车7进3
17. 车八进三　士4进5
18. 相七进五　车7退3
19. 炮七平六　炮2退2？（图1）

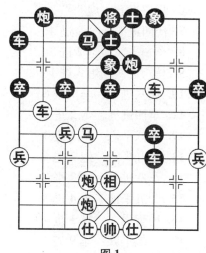

图1

20. 前炮进六　炮2平4
21. 马六进四？车7平4
22. 马四进二　炮6平8
23. 仕四进五　车4退5
24. 炮六平八　车4进5
25. 马二退三　车4平7
26. 车八平二　车1平2
27. 炮八平七　炮8平6
28. 车三平五　车2进6
29. 炮七进五？炮4平1！（图2）
30. 马三进二　炮1进6
31. 车五平四　车2平5
32. 马二进四　士5进6
33. 车二平八　象5退3
34. 车八退五　炮1平9
35. 车四退六　车7进2

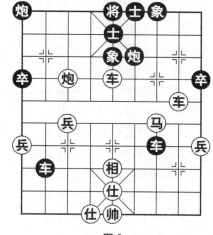

图2

第20局　王天一胜黄仕清

（2013年QQ游戏天下棋弈全国象棋甲级联赛弈于北京）

1. 兵七进一　象3进5	2. 马八进七　卒7进1
3. 炮二平六　马8进7	4. 马二进三　车9进1
5. 马七进六　炮8退1？（图1）	

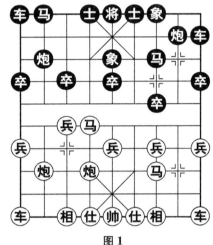

图1

6. 相三进五　炮8平3	
7. 仕四进五　马2进4	
8. 车一平四　炮2进3	
9. 马六进四　炮3进1	
10. 炮六进五！马7进6	
11. 车四进五　炮2进1	
12. 炮八平六　车1进1	
13. 车九平八　炮2退6	
14. 车八进三　炮2平3	
15. 帅五平四　士4进5	
16. 前炮退一　卒1进1？	
17. 后炮平九　车9进1	18. 车四平九　车1平3
19. 车九进三！车3平1	20. 炮九进六　士5退4
21. 车八进五　马4进6	22. 炮九进一　车9平8
23. 车八平七　前炮平2	24. 炮六进二！（图2）炮2进5
25. 车七进一　炮2平7	
26. 车七退三　将5进1	
27. 车七进二　车8进7	
28. 帅四进一　车8退1	
29. 帅四退一　车8进1	
30. 帅四进一　车8退1	
31. 帅四退一　车8进1	
32. 帅四进一　象5进3	
33. 炮六退六　将5进1	
34. 炮六平三　马6进8	
35. 兵七进一　马8进6	
36. 兵七进一	

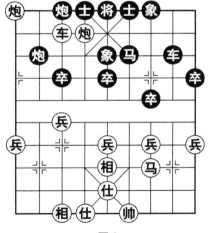

图2

第 21 局 李雪松胜王晓华

（1997 年漳州全国象棋个人赛）

1. 兵七进一　象 3 进 5
2. 马八进七　马 8 进 7
3. 炮二平六　卒 7 进 1
4. 马二进三　马 2 进 3
5. 炮八进二　马 7 进 8
6. 马七进六　车 9 进 1
7. 车一进一　车 1 进 1
8. 车九进一　炮 2 退 2
9. 相七进五　炮 2 平 3
10. 车九平八　车 1 平 2
11. 车一平七　车 9 平 6
12. 炮八进二　马 8 退 7?（图 1）

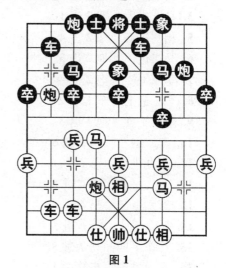

图 1

13. 车七平二　炮 8 进 2
14. 炮六平七　车 2 平 4
15. 车二进三　车 4 进 3
16. 兵七进一　车 4 平 3
17. 炮八退二　车 6 平 2
18. 炮七退二　车 3 平 2
19. 兵三进一　卒 7 进 1
20. 车二平三　炮 8 平 7?
21. 炮八进二　车 2 平 4
22. 炮八退四　炮 7 进 3
23. 炮八平三　马 7 进 8
24. 车三平二　车 4 进 3
25. 仕六进五　卒 3 进 1?
26. 马六退七　车 3 平 4
27. 炮三进一!（图 2）前车进 2

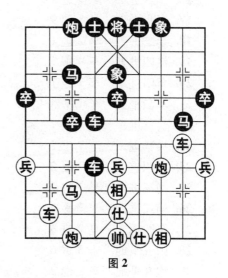

图 2

28. 车八平六　车 4 进 4
29. 车二进一　卒 3 进 1
30. 炮七进四　炮 3 进 5
31. 相五进七　车 4 平 3
32. 车二退三　马 3 进 4
33. 相七退九　车 3 平 2
34. 马七进六　车 2 进 1

35. 仕五退六　车2退4　　　　36. 车二平六　马4进6

37. 炮三进一

第22局　卜凤波胜陶汉明

（2011年伊泰杯全国象棋甲级联赛弈于济南）

1. 兵七进一　象3进5　　　　2. 马八进七　马8进7

3. 马七进六　卒7进1　　　　4. 炮二平六　车9进1

5. 相三进五　马2进4

6. 马二进三　炮2进3?（图1）

7. 车一平二　炮2平4

8. 车二进七　车1平2

9. 炮八平九　炮4退3

10. 车二退三　车2进6

11. 车九进一　车2平1

12. 车二平六　炮4进5

13. 车六退二　马4进2

14. 车九平六　士6进5

15. 后车平四　马7进8?

16. 车六进二　卒9进1

17. 车六平二　马8退9

18. 车二进二　马2进1

19. 仕四进五　车9平7

20. 车四进三　车7进1

21. 车二平五　车7平8

22. 兵三进一　车8平7

23. 兵三进一　车7进2

24. 车四进四!　车7退2

25. 马三进二　马1进2

26. 马二进四　车7平6

27. 车四退一　马2进3

28. 帅五平四　士5进6

29. 炮九平七　车1退2

30. 马四进二　车1平8?

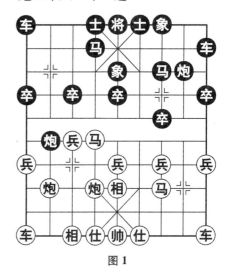

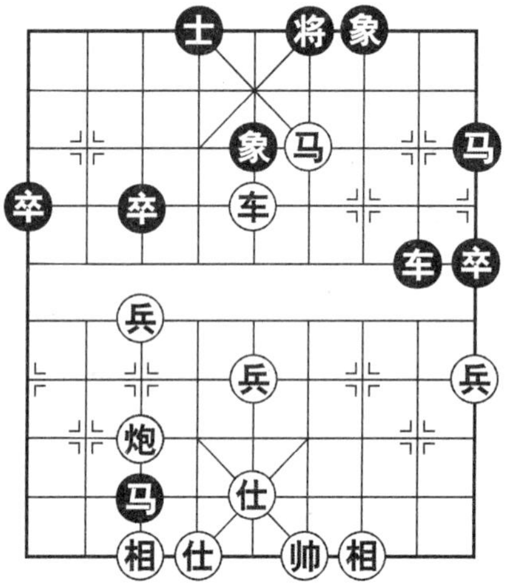

图1

图2

31. 马二进四 将5平6
32. 相五退三!（图2）马9退7
33. 炮七平四 车8平6
34. 马四退二 车6平7
35. 车五平四 将6平5
36. 马二进四 将5进1
37. 车四平七

第23局 胡荣华胜傅光明

（1985年西安全国象棋团体赛）

1. 兵七进一 象3进5
2. 马八进七 卒7进1
3. 炮八平九 马2进3
4. 车九平八 车1平2
5. 马七进六 马8进7
6. 炮二平七 车9进1
7. 马二进三 马7进8
8. 车八进三 炮2平1
9. 车八进六 马3退2
10. 马六进五?（图1）车9平4
11. 相三进五 车4进2
12. 马五退四 马8进7
13. 车一平二 卒7进1
14. 车二进三 卒7平6
15. 车二平三 马2进4
16. 车三平二 车4平6
17. 仕四进五 炮8平6
18. 车二进二 卒6进1
19. 兵五进一 卒6平7
20. 马三退二 卒3进1
21. 兵七进一 马4进5
22. 兵七平八 马5进6

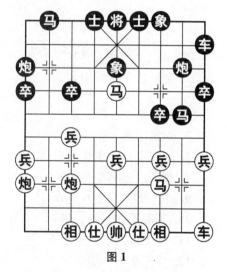

图1

23. 车二退一 马6进8
24. 马二进一 炮1进4?
25. 炮七进一 车6平7
26. 兵五进一 炮6进6
27. 车二平九 炮6退2
28. 炮七平五 卒1进1
29. 车九平四 士4进5
30. 炮九退一 炮1平4
31. 炮五平三!（图2）炮6平5
32. 车四平五 炮4平7
33. 车五退一 炮7进2
34. 炮九进一 车7平8?
35. 炮九进一 炮7平9
36. 炮九平二 炮9退2
37. 炮二退三 炮9退2
38. 兵五进一 车8进4
39. 相五进三

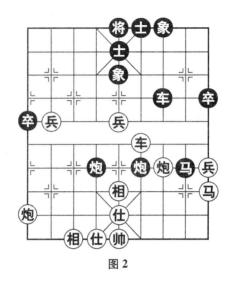

图 2

第 24 局　刘宗泽负黄仕清

（2011 年广东鹤山市棋友杯象棋公开赛）

1. 兵七进一	象 3 进 5	2. 马八进七　马 8 进 7
3. 炮八平九	卒 7 进 1	4. 车九平八　马 2 进 4
5. 炮二平六	车 9 进 1	6. 马二进三　马 7 进 8
7. 相三进五	车 9 平 6	8. 仕四进五　车 1 平 2
9. 车一平四	车 6 进 8	
10. 帅五平四	马 8 进 7	
11. 马七进六	炮 8 平 6	
12. 帅四平五	炮 2 平 1	
13. 车八进九	马 4 退 2	
14. 炮九进四	马 2 进 3	
15. 炮九平八	炮 1 退 1	
16. 炮六进一	炮 1 平 7	
17. 炮六平三	炮 7 进 5	
18. 兵九进一	卒 3 进 1	
19. 兵七进一	象 5 进 3	
20. 炮八平七	炮 6 平 7	
21. 炮七平一？（图1）马 3 进 4		

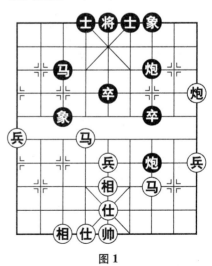

图 1

22. 马六进四	后炮退 1	23. 兵一进一	马 4 进 6
24. 马三退二	前炮平 8	25. 兵五进一?	炮 8 退 2
26. 马四进六	炮 8 退 1	27. 马六进八	象 3 退 5

28. 马二进一 士 4 进 5

29. 炮一进二 将 5 平 4

30. 兵一进一 炮 8 平 6

31. 炮一平二 马 6 退 7

32. 炮二退五 马 7 进 9

33. 炮二平五 炮 7 进 2

34. 炮五平六 炮 7 退 2

35. 炮六平五 炮 7 平 9

36. 马一进二? 卒 7 进 1!（图 2）

37. 相五进三 马 9 进 8

38. 马二进三 马 8 进 7

39. 帅五平四 炮 9 平 7

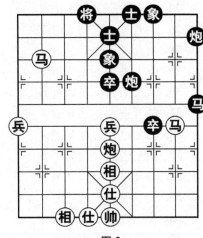

图 2

第 25 局　李鸿嘉胜许文学

（2012 年首届武工杯大武汉职工象棋邀请赛）

1. 兵七进一 象 3 进 5

2. 马八进七 卒 7 进 1

3. 炮二平六 马 8 进 7

4. 马二进三 车 9 平 8

5. 炮八平九 炮 2 平 4

6. 车九平八 马 2 进 3

7. 相三进五 士 4 进 5

8. 车一平二 炮 4 进 2?（图 1）

9. 车二进六 炮 4 退 1

10. 车二退二 炮 8 平 9

11. 车二进五 马 7 退 8

12. 车八进七 车 1 平 2

13. 车八进二 马 3 退 2

14. 兵九进一 马 2 进 3

15. 马七进八 炮 4 进 2

16. 马八进七 炮 4 平 1

17. 炮六进四! 马 8 进 7

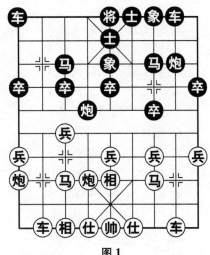

图 1

18. 兵七进一	马7进6	19. 兵七平六	卒9进1
20. 炮九平七	卒1进1	21. 兵三进一	卒7进1
22. 相五进三	炮1平3	23. 相三退五	炮3进1
24. 兵五进一	炮3平7	25. 相五进三	马6退4?
26. 兵六进一	马3进1	27. 兵六平五	马1进3

28. 后兵进一　马3进4
29. 炮七平六　象5进3
30. 后兵平四　马4进6
31. 帅五进一　马6退7
32. 马七退九　炮9进4
33. 相七进五　炮7平6
34. 马九进八　炮9平8
35. 马八退七　马7退8
36. 马三进二　炮6平5
37. 帅五平六　炮8进2
38. 炮六进二　炮5平8
39. 炮六平五！（图2）马8退6
40. 兵五进一

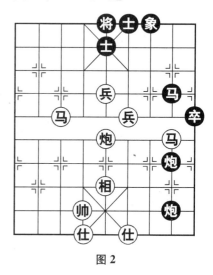

图2

第26局　阎文清负宗永生

（2005年太原蒲县煤运杯全国象棋个人赛）

1. 兵七进一　象3进5
2. 马八进七　卒7进1
3. 相七进五　马8进7
4. 马二进一　车9进1
5. 炮二平四　车9平6
6. 仕六进五　马7进8
7. 兵一进一　马2进3
8. 马一进二！（图1）炮2进2
9. 炮八进二　士4进5
10. 兵一进一　卒9进1
11. 车一进五　炮8进3
12. 炮八平二　马8退7

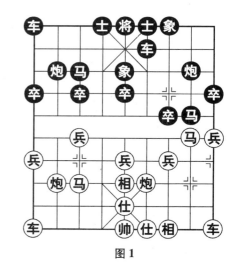

图1

13. 车一退一 车6进3		**14.** 炮二平四 车6平4
15. 前炮进二 车1平2		**16.** 前炮平三 车4平6
17. 车一平二 车6退1		**18.** 炮三平二 卒3进1
19. 兵七进一 象5进3		**20.** 车九平八 象3退5
21. 炮二进一 卒5进1		**22.** 炮四平一 车6平9
23. 马七进六 车2进3		**24.** 车八进四 炮2平3
25. 车八进二 车9平2		**26.** 马六退四 车2进6

27. 仕五退六 车2退3

28. 马四进五 车2平5

29. 马五退七 车5平7

30. 炮二平五? 象7进5

31. 炮一进七 象5退7

32. 车二进五 马7退9

33. 车二退一 马3进5

34. 车二平一 马5进4

35. 仕六进五 车7平3

36. 车一平三?（图2）炮3平5

37. 帅五平六 炮5平4

38. 帅六平五 马4进6

39. 车三平四 炮4平2

40. 马七进六 炮2平5！

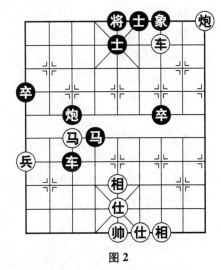

图2

41. 马六退五 车3进3

第 27 局　于幼华胜李鸿嘉

（2010 年石家庄藏谷私藏杯全国象棋个人赛）

1. 兵七进一 象3进5		**2.** 马八进七 卒7进1
3. 炮八平九 马2进3		**4.** 车九平八 车1平2
5. 炮二平六 马8进7		**6.** 马二进三 马7进8
7. 车八进六 车9进1		**8.** 马七进六 炮2平1
9. 车八进三 马3退2		**10.** 相三进五 马2进3
11. 仕四进五 车9平2		**12.** 车一平四 士4进5
13. 马六进七 炮1进4?（图1）		**14.** 车四进八 炮8平6
15. 马七进五 马8进7		**16.** 炮九平七 炮1平3
17. 兵七进一 马7退6		**18.** 马五退七 卒7进1

19. 车四平三　炮6平7

20. 兵七平六　卒7进1

21. 马三退二　车2进2

22. 兵五进一！马3退4

23. 炮六进七　将5平4

24. 兵五进一！卒5进1

25. 兵六平五　马6进5

26. 炮七平六　车2平3

27. 车三退一　将4平5

28. 马二进四　卒7平6

29. 炮六进二！炮3平1

30. 炮六平三　士5进6

31. 车三平四　士6进5

32. 车四平三　象7进5

33. 炮三平五　将5平6

34. 车三平五　马5进3

35. 车五平三　马3退2

36. 炮五平七　炮1进2

37. 马四进二　卒6平5

38. 马二进三　卒5进1

39. 车三进二　将6进1

40. 炮七平四！（图2）卒5进1

41. 仕六进五　炮1进1

42. 仕五退六

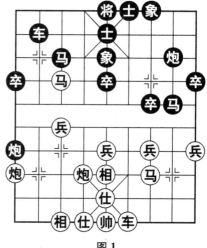

图1

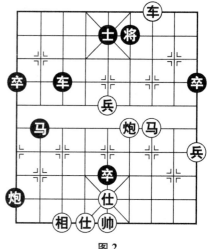

图2

第28局　谢岿负卜凤波

（2006年启新高尔夫杯全国象棋甲级联赛弈于沈阳）

1. 兵七进一　象3进5　　　　2. 马八进七　卒7进1

3. 炮八平九　马2进3　　　　4. 车九平八　车1平2

5. 炮二平六　马8进7　　　　6. 马二进三　马7进8

7. 车八进六　车9进1　　　　8. 马七进六　炮2平1

9. 车八进三　马 3 退 2

10. 炮九进四　马 2 进 3

11. 炮九退一　马 8 进 7

12. 车一平二　炮 8 平 7

13. 车二进六　车 9 平 2

14. 车二平三　炮 7 平 6

15. 马六进七　车 2 进 2

16. 马七退六?（图 1）车 2 进 1

17. 炮九退一?　炮 1 进 1!

18. 车三进二　士 4 进 5

19. 车三平二　炮 1 进 3

20. 相三进五　车 2 进 3

21. 仕四进五　炮 1 进 3

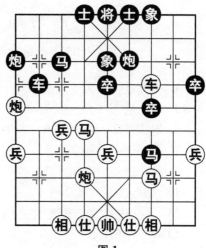

图 1

22. 马六退四　马 3 进 2

24. 兵七进一　马 3 进 5

26. 马四退三　车 2 进 2

28. 帅五进一　车 2 退 2

30. 马五进三　车 4 平 7

31. 马三进四　车 7 进 1

32. 帅五进一　卒 5 进 1

33. 炮五平九　车 7 平 6

34. 马四进三　车 6 退 2

35. 车二平八　车 6 平 5

36. 帅五平六　车 5 平 4

37. 帅六平五　象 5 退 3!（图 2）

38. 炮九进五　士 5 退 4

39. 车八平四　士 6 进 5

40. 炮九退三　车 4 退 3

41. 炮九平一　象 7 进 9

42. 炮一退一　炮 6 平 5

23. 车二退四　马 2 进 3

25. 炮九平五　马 5 进 7!

27. 仕五退四　炮 1 平 3

29. 后马进五　车 2 平 4

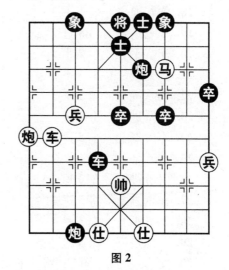

图 2

第29局　阎文清胜尚威

（2005年太原蒲县煤运杯全国象棋个人赛）

1. 兵七进一　象3进5
2. 马八进七　卒7进1
3. 相七进五　马8进7
4. 马二进一　车9进1
5. 炮二平四　车9平6
6. 仕六进五　马7进8
7. 兵一进一　马2进3
8. 车九平六　炮2平1
9. 马一进二　车1平2
10. 炮八进二　车2进4
11. 兵一进一　卒9进1？（图1）

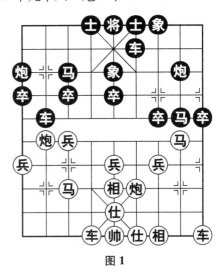

图1

12. 车一进五　卒7进1
13. 兵三进一　炮8进3
14. 车六进六！炮8进1
15. 车六平七　车6进3
16. 车七进一　炮1进4
17. 马七进六　车6平5
18. 炮八退二　炮1平3
19. 车七平六　马8进7
20. 车一平五　车2平5
21. 兵七进一！车5平3
22. 马六进五　车3平1
23. 炮八进七　士4进5
24. 车六退七　士5进4
25. 炮八平九　车1平2
26. 马五进七　车2退2
27. 车六进七　将5进1
28. 帅五平六　炮3平4
29. 炮四进五　象5进7
30. 车六进一！（图2）将5平4
31. 炮四平八　象7退5
32. 炮八进一　卒1进1
33. 炮九退一　将4进1
34. 炮九退一　将4退1

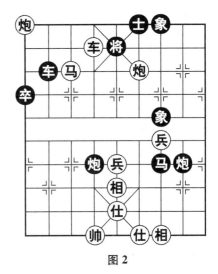

图2

35. 炮九进一　将4进1　　36. 马七退六　象5进3
37. 马六退四　马7进6　　38. 兵三进一　炮8平7
39. 炮八退七　炮4进2　　40. 马四进六　将4退1
41. 炮八进七　将4退1　　42. 马六进七　将4平5
43. 帅六进一

第30局　许银川负李锦欢

（2011年第三届淮阴·韩信杯象棋国际名人赛弈于淮安）

1. 兵七进一　象3进5　　2. 马八进七　马8进7
3. 炮八平九　车9进1　　4. 车九平八　炮2平3
5. 相三进五　卒7进1　　6. 马二进一　卒9进1
7. 炮二平四　炮8平9　　8. 车一平二　马2进4
9. 马一退三　车1平2　　10. 车八进九　马4退2
11. 车二进四　炮9进4　　12. 炮四平一　车9平4
13. 兵三进一　车4进3　　14. 马三进四　卒7进1
15. 车二平三　马2进4
16. 炮九进四　士4进5
17. 马四进二　炮9平8!（图1）
18. 马二进三　炮8进3
19. 车三退四　炮8退2
20. 兵九进一　卒9进1
21. 车三平二　炮8平3
22. 炮一平七　车4平7
23. 车二平三　车7进5
24. 相五退三　炮3进3
25. 相七进五　炮3平2
26. 兵九进一　马7进9
27. 兵九平八　马9进7
28. 仕六进五　卒9平8　　29. 炮七平六　卒8进1
30. 兵八进一　卒8平7　　31. 炮六退一　炮2平9
32. 仕五进六　士5进4　　33. 马三进四　卒7平6
34. 炮九退三　卒6平5　　35. 兵八平七　将5进1
36. 马四退三　马4进2　　37. 兵七进一　马2进1

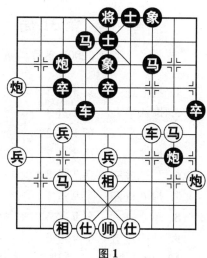

图1

38. 兵七平六　将5退1　　39. 炮九进一　炮9平2
40. 仕四进五　士6进5　　41. 兵六进一　马1退2
42. 相五进七　马7进5　　43. 马三进四?马5进3（图2）

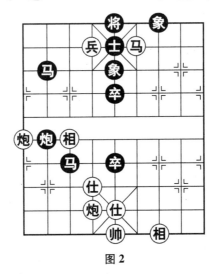

图2

第31局　胡庆阳胜万春林

（2002年第二届全国体育大会弈于绵阳）

1. 兵七进一　象3进5　　2. 马八进七　卒7进1
3. 炮八平九　马2进3
4. 车九平八　车1平2
5. 炮二平六　马8进7
6. 马二进三　马7进8
7. 炮九进四　车9进1
8. 车八进六　车9平4
9. 仕四进五　士4进5
10. 相三进五　车4进3
11. 车一平四　卒3进1
12. 兵七进一　车4平3
13. 马七进六　炮2平1?（图1）
14. 车八进三　马3退2
15. 炮九平一　马2进3

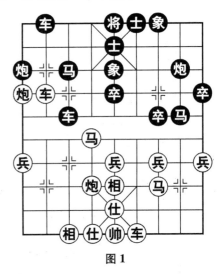

图1

16. 炮一平三　炮8平6　　　　17. 兵一进一　炮1进1

18. 炮三平九　马3进1　　　　19. 车四进三!　马1退3

20. 兵一进一　马8退9　　　　21. 车四进三　卒7进1

22. 兵三进一　车3平9　　　　23. 马六进五　马3进4

24. 车四退三　车9平5　　　　25. 马五进三　车5退1

26. 车四平一　车5平7　　　　27. 前马退一　马4进3

28. 马一退二　车7平1　　　　29. 车一进三　车1进3

30. 车一平七　马3退4　　　　31. 炮六进二　马4退3

32. 兵三进一!　车1退3

33. 车七退二　车1平5

34. 炮六平五　将5平4

35. 马二退四　马3进1

36. 车七平六　士5进4

37. 车六进一　马1进2

38. 车六平八　马2进4

39. 炮五平六　车5平4

40. 马四进五!（图2）马4进3

41. 帅五平四　炮6退1

42. 车八进四　将4进1

43. 车八平四　炮6平7

44. 车四平五!

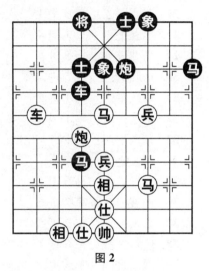

图2

第32局　蒋川胜李锦欢

（2012年第四届淮阴·韩信杯象棋国际名人赛弈于淮安）

1. 兵七进一　象3进5　　　　2. 马八进七　卒7进1

3. 炮二平五　马8进7　　　　4. 马二进三　车9平8

5. 炮八平九　士4进5　　　　6. 车九平八　马2进4

7. 车一进一　炮8退1　　　　8. 车一平四　车1平2

9. 炮五平六　炮8进6　　　　10. 车四平六!（图1）炮8平4

11. 车六进一　炮2平4　　　　12. 车八进九　马4退2

13. 马七进八　马2进1　　　　14. 马八进九　车8进5

15. 相七进五　车8平6　　　　16. 车六平八　马6退1

17. 兵九进一　象5退3　　　　18. 仕六进五　车6平4

19. 车八进一　象7进5
20. 兵三进一　卒7进1
21. 相五进三　车4进4
22. 相三退五　车4平1?
23. 相五退七　马7进6
24. 马三进四　车1平3
25. 相三进五　炮4进6
26. 仕五退六　车3进1
27. 车八退二!　车3平1
28. 炮九平六　车1退4
29. 马九进七　士5进4
30. 马四进二　象5进7
31. 车八平六　马1进2
32. 马七进八　车1退5
33. 车六平三!（图2）车1平2
34. 车三进四　马2进4
35. 兵五进一　马6退5
36. 相五退三　车2进6
37. 炮六平一　车2平5
38. 仕六进五　车5退1
39. 炮一进四　车5退1
40. 炮一进三　将5进1
41. 马二进三　将5平4
42. 车三退二　车5平2
43. 车三平六　马4退6
44. 帅五平六

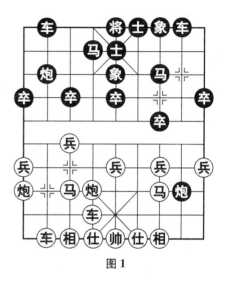

图1

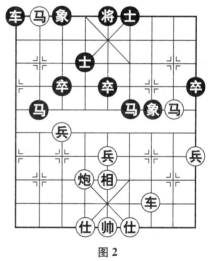

图2

第33局　卜凤波负柳大华

(2013年QQ游戏天下棋弈全国象棋甲级联赛弈于北京)

1. 兵七进一　象3进5
2. 马八进七　卒7进1
3. 马七进六　马8进7
4. 炮二平六　炮8进3
5. 相三进五　车9进1
6. 炮八平七　马2进4
7. 车九平八　炮2平3
8. 车八进八　卒7进1!（图1）

9. 兵三进一　炮8平4

10. 炮六进六　卒3进1

11. 马二进三　车1平3

12. 兵三进一?　象5进7

13. 车一平二　卒3进1

14. 炮七进五　车3进2

15. 炮六平二　炮4退3

16. 马三进四　车3进2

17. 车二进六　车3平6

18. 马四退三　卒3进1

19. 车二平三　象7退5

20. 车八平六　士6进5

21. 炮二退四　车9平6

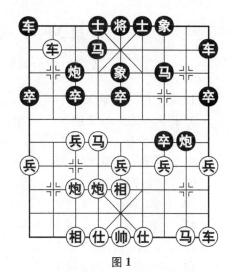

图 1

22. 炮二平八　前车平2

24. 炮七平八　车6进3

26. 车六平八　卒3进1

28. 兵五进一　车6进2!

30. 车三平二　卒3平4

31. 车二进二　将5平6

32. 马二进三　车6退2

33. 马三退二　炮4进7!（图2）

34. 马二退三　车6进5

35. 车二退四　马7进6

36. 车二平四　卒4平5

37. 帅五平六　车6退3

38. 马三进四　马6进4

39. 车八平七　车3平2

40. 马四退三　车2进8

41. 马三退五　车2平5

42. 车七退四　马4进5!

43. 相七进五　车5退1

23. 炮八平七　车2平3

25. 炮八进五　车3退4

27. 仕四进五　卒3进1

29. 马三进二　车6退1

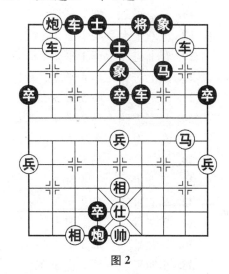

图 2

44. 兵一进一　车5平9

第34局 张强负胡荣华

（1996年全国象棋个人赛弈于宁波）

1. 兵七进一	象3进5	2. 马八进七	卒7进1
3. 炮八平九	马2进3	4. 车九平八	车1平2
5. 炮二平六	马8进7	6. 马二进三	马7进6
7. 车一平二	炮8平7	8. 车八进六	车9进1

9. 车二进四　车9平4

10. 仕四进五　车4进3

11. 炮九进四?　卒7进1!（图1）

12. 车二平三　炮2退1

13. 马三退一　马3进1

14. 炮六平五　车2平3

15. 炮五进四　炮2平5

16. 炮五进二　士6进5

17. 相三进五?　车3平1!

18. 马一退三　炮7平6

19. 车八平七　马1退2

20. 车七进二　车1平2

21. 兵七进一　车4平3

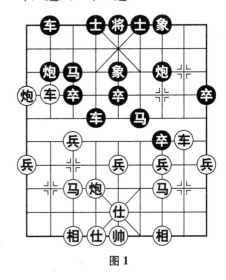

图1

22. 车七退三　象5进3

23. 车三进一　马6退5

24. 马三进四　马2进4

25. 车三进四　炮6退2

26. 车三退四　车2进3

27. 马四进五　士5进6

28. 车三平二　马5进6

29. 兵三进一　象3退5

30. 兵九进一　士4进5

31. 兵九进一　车2进4

32. 马五进四　车2平3

33. 车二平四　马4进3

34. 兵三进一　车3退1

35. 车四退二　马3进2

36. 兵九平八　车3平4

37. 兵三进一　士5进4!（图2）

38. 车四平二　马2进3

39. 帅五平四　士6退5

40. 马四进三　将5平4

41. 帅四进一　车4退3

42. 兵三进一　车4平6

43. 仕五进四　车6平7

44. 车二平四　车7退1

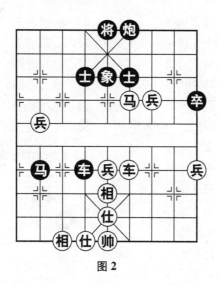

图2

第35局 谢岿胜朱琼思

（2007年七斗星杯全国象棋甲级联赛弈于厦门）

1. 兵七进一　象3进5
2. 马八进七　卒7进1
3. 炮二平六　马8进7
4. 马二进三　车9进1
5. 马七进六　车9平6
6. 车一平二　炮8平9
7. 相三进五　卒3进1！（图1）
8. 兵七进一　车6进4
9. 马六退七　车6退1
10. 兵七进一　马2进4
11. 兵七进一　车6平3
12. 马七进六　车3退2
13. 车九进一　车1进1
14. 车二进四　车3进4
15. 车九平四　车3平4
16. 仕四进五　车1平3
17. 炮八进四　士4进5
18. 兵九进一　炮2平4
19. 车四进三　车3进3
20. 兵三进一　马4进2
21. 兵三进一　车3平7

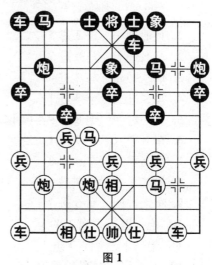

图1

22. 炮六平八	马2退3	23. 前炮进三	炮4退2
24. 前炮平六	士5退4	25. 车四平三	车7进1
26. 车二平三	马3进2	27. 炮八进四	士4进5
28. 马三进二	马7进8	29. 马六进四	卒5进1
30. 马四进二	炮9平8	31. 炮八平一	将5平4?
32. 兵一进一!（图2）炮8平9		33. 后马退三	卒5进1
34. 车三平五	车4退2		
35. 车五平二	炮9平8		
36. 兵一进一	马8退6		
37. 车二平八	马6退7		
38. 马二退三	车4退1		
39. 兵五进一	将4平5		
40. 兵五进一	炮8平9		
41. 后马进四	车4平3		
42. 马四进五	车3进3		
43. 马五进三!	马2进3		
44. 车八进五	士5退4		
45. 后马进四			

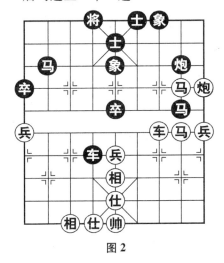

图2

第36局 张强胜陈启明

（1992年北京全国象棋个人赛）

1. 兵七进一	象3进5
2. 马八进七	马8进7
3. 炮八平九	马2进4
4. 马二进三	卒7进1
5. 车一进一	炮8平9?（图1）
6. 车一平六	车9进1
7. 车九平八	车9平8
8. 炮二平一	马7进6
9. 车六进四	马6进7
10. 炮一退一	炮2平3
11. 炮一平三	卒7进1
12. 车六退一	车8进7?

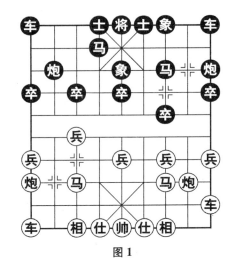

图1

· 38 ·

13. 炮九退一! 车 8 退 1　　　　14. 马七退五　马 4 进 6

15. 车六平三　马 6 进 5　　　　16. 车三退一　马 5 进 3

17. 相七进五　马 3 进 4　　　　18. 炮九平六　车 1 进 1

19. 车三进五　车 1 平 7　　　　20. 炮三进七　炮 9 进 4

21. 炮三平四　炮 9 平 6

22. 车八进二　炮 6 平 1

23. 炮四退六!（图 2）炮 1 平 3

24. 车八平七　前炮平 1

25. 车七平九　炮 1 平 2

26. 车九平八　炮 2 平 3

27. 车八平七　前炮平 1

28. 车七平九　炮 1 平 2

29. 车九平八　炮 2 平 3

30. 车八平七　前炮平 1

31. 车七平九　炮 1 平 2

32. 车九平八　炮 3 平 2

33. 车八平七　车 8 退 3

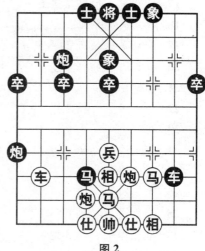

图 2

34. 炮四平六　前炮进 3　　　　35. 车七退二　车 8 平 2

36. 后炮平七　车 2 进 4　　　　37. 炮六退一　车 2 退 1

38. 马三进四　卒 1 进 1　　　　39. 马五进三　卒 1 进 1

40. 炮六平四　卒 3 进 1　　　　41. 仕四进五　车 2 进 1

42. 马四进五　卒 1 平 1　　　　43. 炮七进三　车 2 退 1

44. 炮七平五　后炮平 1　　　　45. 炮四进一　车 2 进 1

46. 马五退六

第 37 局　徐天红胜陶汉明

（2007 年第六届嘉周杯象棋特级大师冠军赛弈于淄博）

1. 兵七进一　象 3 进 5　　　　2. 马八进七　卒 7 进 1

3. 炮二平六　马 8 进 7　　　　4. 马二进三　车 9 进 1

5. 马七进六　马 2 进 4　　　　6. 车一平二　炮 8 平 9

7. 炮八进四　卒 3 进 1　　　　8. 兵七进一　车 1 平 3

9. 相七进五　车 3 进 4　　　　10. 车九平七　车 3 进 5

11. 相五退七　炮 2 平 1?（图 1）　12. 车二进四　马 4 退 2

13. 兵三进一　卒7进1

14. 车二平三　车9平3

15. 相三进五　炮9退1

16. 仕四进五　车3进3

17. 炮八进一!　马7进6

18. 马六进五　车3平2

19. 炮八平六　车2平5

20. 马五进三　马6退7

21. 前炮平三　炮1平7

22. 车三进三　马2进3

23. 车三进一　炮9进1

24. 车三退四　卒9进1

25. 兵五进一　车5平7

26. 车三进一　象5进7

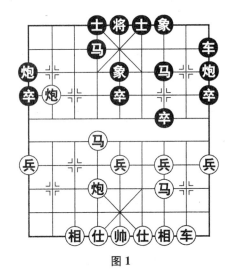

图1

27. 兵五进一　马3进2

29. 炮六平三　马1进3

31. 马三进四　马2退3

33. 炮三进五　士6进5

28. 炮六进三　马2进1

30. 炮三退一　马3退2

32. 马四进三　炮9进4

34. 炮三平二　卒9进1

35. 炮二退三　马3进2

36. 马三退四　炮9平5

37. 帅五平四　将5平6

38. 炮二平四　卒1进1

39. 相五进七　马2退3

40. 马四进六　炮5平8

41. 兵五进一　马3进5

42. 炮四退一　炮8退5?

43. 马六进五!（图2）马5进6

44. 马五退三　炮8平7

45. 兵五平四　将6平5

46. 马三进一

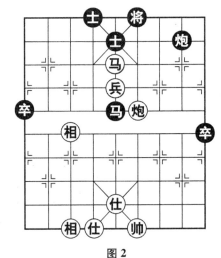

图2

第38局 李来群胜傅光明

（1985年西安全国象棋团体赛）

1. 兵七进一　象3进5
2. 马八进七　卒7进1
3. 马二进一　马8进7
4. 炮二平四　车9进1
5. 车一平二　炮8平9
6. 相七进五　车9平3
7. 炮八平九　卒3进1
8. 车九平八　炮2平3?（图1）

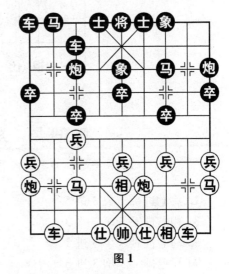

图1

9. 车二进四　马2进4
10. 马七进八　卒3进1
11. 车二平七　炮3平2
12. 车七进四　炮2进7
13. 相五退七　马4进6
14. 马八进六　士4进5
15. 仕四进五　车1平4
16. 马六进四　车4进3
17. 车七平八　炮2平1
18. 马一退三　车4平3
19. 相三进五　马7进6
20. 车八退八　炮1退3
21. 车八进九　象5退3

22. 马三进二　卒7进1
23. 马二进三　卒7进1
24. 炮四进二　炮1平4
25. 车八退四　前马进4
26. 车八退一　马4进6
27. 车八平六　卒5进1
28. 马三进二　炮4平2
29. 炮九平六　炮9进4?
30. 炮四进三　马6进7
31. 帅五平四　士5进6
32. 马四进六　将5进1
33. 车六平二　炮9退2
34. 车二进一　炮2退4
35. 马二进三　将5进1
36. 马六进八　将5退1
37. 马八退六　将5进1
38. 马六进七!（图2）车3退3
39. 车二平五　将5平4
40. 车五平六　将4平5
41. 车六平五　将5平4
42. 车五平八　炮2平3
43. 车八平六　将4平5
44. 车六平五　将5平4
45. 马三退二　将4退1
46. 马二退四　卒7平6
47. 炮六退一!

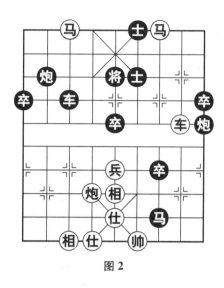

图 2

第 39 局　郑一泓负程鸣

（2013 年晋江市第四届张瑞图杯象棋个人公开赛）

1. 兵七进一　象 3 进 5　　　　2. 马八进七　马 2 进 4

3. 相七进五　车 1 平 3　　　　4. 仕六进五　马 8 进 9

5. 马七进六　卒 3 进 1　　　　6. 炮八平七　炮 2 平 3

7. 兵七进一　炮 3 进 5　　　　8. 炮二平七　车 3 进 4

9. 炮七平六　马 4 退 2

10. 马二进三　卒 9 进 1

11. 兵三进一　炮 8 平 6？（图 1）

12. 车一平二　车 9 平 8

13. 车二进九　马 9 退 8

14. 马三进四　马 2 进 3

15. 马四进三　马 8 进 9

16. 马三进二　炮 6 退 1

17. 车九平七　车 3 进 5

18. 相五退七　马 9 进 8

19. 马二退四　马 8 进 9

20. 相七进五　马 9 退 8

21. 马六进七　士 6 进 5

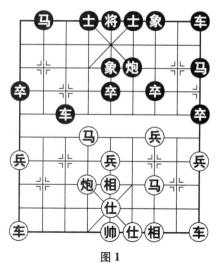

图 1

22. 马四退二 炮6进2
24. 马七退六 炮6退2
26. 马六进七 象5进3
27. 相五进七？炮6进2！（图2）
28. 炮七平三 炮6平3
29. 炮三进五 卒5进1
30. 炮三进二 炮3平5
31. 炮三平二 炮5进3
32. 仕五进四 象3退5
33. 炮二退八 士5进6
34. 炮二平四 士4进5
35. 帅五平六 马3进4
36. 相七退五 卒5进1
37. 仕四退五 炮5平7
38. 炮四平二 炮6平7
39. 马三退二 炮7平8
41. 马二退四 炮8平4
43. 马四进二 马4进3
45. 兵九进一 将6平5
47. 马二退四 卒9进1

23. 马二进三 将5平6
25. 炮六平七 马8退7

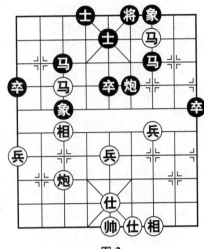

图2

40. 仕五进六 卒5平6
42. 帅六平五 炮4平6
44. 炮二进三？卒6平5
46. 仕四进五 将5平4
48. 炮二进一 卒5平6

第40局　王跃飞胜崔岩

（2006年西乡引进杯全国象棋个人赛弈于深圳）

1. 兵七进一 象3进5
3. 兵三进一 马8进9
5. 车一平二 车9平8
7. 马七进六 士4进5
9. 相七进五 炮2平8
11. 炮六平七 车8进9
13. 炮三平二 车1平4
15. 马六进七 炮5平6
17. 车九平八 车4平2
19. 马七进五 象7进5

2. 马八进七 马2进3
4. 马二进三 炮8平6
6. 炮二进五 卒9进1
8. 炮八平六 炮2进2
10. 炮二平三 炮8平4
12. 马三退二 马9进8？
14. 兵七进一！（图1）炮4平5
16. 马二进三 前炮退1
18. 车八进七！车2进8
20. 炮二进二 象5退7

21. 炮七进五　马8进7
22. 车七进一　车2平3
23. 炮七退六　前炮进5
24. 炮七进三　后炮平1
25. 炮二退三　卒5进1
26. 帅五进一　炮6退4
27. 炮二平九　炮1进4
28. 兵七进一　卒5进1
29. 炮九平三　卒5平6
30. 炮七退一！卒6平7
31. 相五进三　炮6平7
32. 帅五平六　士5进4
33. 仕六进五　士6进5
34. 相三进五　将5平6
35. 帅六退一　炮1平2
36. 帅六平五　象7进5
37. 仕五进六　将6平5
38. 仕四进五　将5平6
39. 兵七平六　象5退3
40. 炮七平三！（图2）炮7进2
41. 炮三平二　炮2退1
42. 兵五进一　炮7平8
43. 马三进五　炮2进1
44. 兵五进一　炮2平4
45. 炮二退二　将6平5
46. 相五退七　象3进5
47. 兵五平四　将5平4
49. 炮二平五

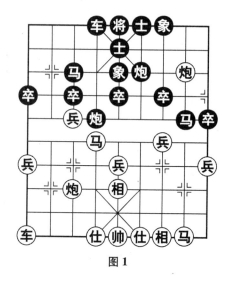

图1

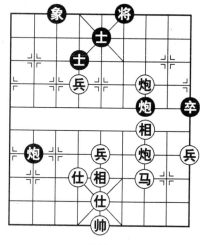

图2

48. 相三退五　将4平5

第41局　李智屏胜曹岩磊

（2006年交通建设杯全国象棋大师冠军赛弈于宁波）

1. 兵七进一　象3进5
2. 马八进七　卒7进1
3. 炮八平九　马8进7
4. 车九平八　马2进4

5. 马二进一　卒9进1

6. 车一进一　卒9进1

7. 兵一进一　车9进5

8. 相七进五　马7进6

9. 车一平三　车1进1?（图1）

10. 车八进五　炮8进2

11. 车八退二　炮8进2

12. 车三平六　士4进5

13. 炮二平四　炮2退2

14. 马一退三　炮8退4

15. 车八进三　炮8平9

16. 仕六进五　卒3进1

17. 兵七进一　马4进2

18. 车八平五　马2进3

19. 车五平七　马6进7

20. 马三进四　车1平2

21. 马四进三　车9平8?

22. 车六进五　马7退6

23. 车六退一　炮9进2

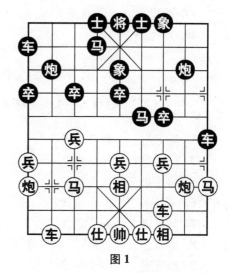

图 1

24. 车六平七!　象5进3

25. 车七进三　士5退4

26. 马三进四　将5进1

27. 车七平六　象7进5

28. 车六平五　将5平4

29. 炮九退二!（图2）马6进5

30. 马四退五　车8退2

31. 炮九平六　马5进3

32. 炮四平七　车2进8

33. 炮七平六　车2平4

34. 仕五退六　炮2进5

35. 马五退七　炮2退2

36. 仕六进五　炮2平5

37. 车五平四　将4平5

38. 马七退五　炮5进2

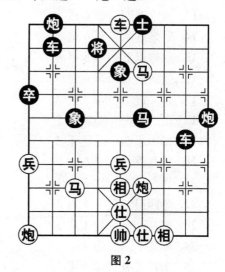

图 2

39. 车四退四　炮9平7

40. 车四平五　炮5平2

41. 车五退一　炮2退1

42. 马五进三　卒1进1

43. 炮六平九　车8平1

44. 车五平六　炮2进5

45. 帅五平六　车1平5

46. 车六进一　炮2平1

47. 炮九平八　车5平2　　　48. 炮八平七　车2进4

49. 炮七进一

第42局　卜凤波胜陈富杰

（2013年QQ游戏天下棋弈全国象棋甲级联赛弈于北京）

1. 兵七进一　象3进5　　　2. 马八进七　卒7进1

3. 马七进六　马8进7　　　4. 炮二平六　车9进1

5. 马二进三　炮8进3

6. 车一平二　卒7进1

7. 马六进七　马2进4

8. 炮六进五！（图1）炮8平3

9. 兵三进一　车1平3

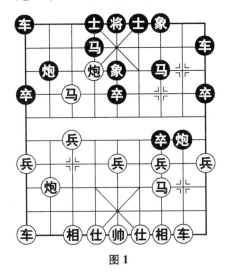

图1

10. 马七退六　车9平6

11. 炮八平六　炮3平2

12. 相三进五　马7进6

13. 马六进四　车6进3

14. 后炮进六　车6退3

15. 后炮退五　车6平4

16. 仕四进五　车4进3

17. 车二进六　车3进3

18. 车二平一　前炮退2

19. 车一平四　后炮平3

20. 兵九进一　士6进5

21. 兵一进一　炮3平1

22. 车四退二　卒1进1

23. 车九进三　炮1进3

24. 车九平八　炮2平1

25. 车八进五！车4平3

26. 车八平六　后车退2?

27. 车六平七　车3退3

28. 车四进一　前炮平9?（图2）

29. 车四平一！卒1进1

30. 车一退一　车3进3

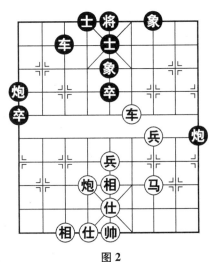

图2

31. 车一进四 车3平6	32. 炮六进六 卒1平2
33. 车一平四 车6平4	34. 炮六平九 卒2进1
35. 马三进四 车4平5	36. 车四平三 炮1平3
37. 炮九进一 炮3退3	38. 车三平四 车5平1
39. 炮九平八 车1平2	40. 炮八平九 车2平1
41. 炮九平八 车1平2	42. 炮八平九 车2平1
43. 炮九平八 车1退4	44. 炮八退三 车1进3
45. 马四进六 象5进3	46. 炮八进三 车1退1
47. 马六进四 车1平6	48. 车四退一 士5进6
49. 兵三进一 象7进5	50. 兵三进一

第43局　李来群胜胡荣华

（1985年西安全国象棋团体赛）

1. 兵七进一 象3进5	2. 马八进七 卒7进1
3. 马二进一 马8进7	4. 相七进五 车9进1
5. 车一进一 车9平4	6. 车九进一 马2进3
7. 车一平六 车4进7	
8. 车九平六 炮2平1	
9. 炮八进二 车1平2	
10. 炮八平九 炮1进3	
11. 兵九进一 车2进4	
12. 炮二平四？（图1）马7进6	
13. 车六平二 炮8平9	
14. 车二进三 卒3进1	
15. 车二平四 马6退4	
16. 兵七进一 车2平3	
17. 兵一进一 车3进2	
18. 马一进二 马4进2？	
19. 马二进一 马3进4	

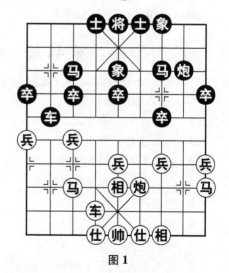

图1

20. 车四平五 炮9退1	21. 马一进二 士4进5
22. 车五进二 炮9进1	23. 车五平九 马4进6
24. 车九平八 马2进4	25. 车八退二 马6退5
26. 马七退八 炮9平8	27. 兵五进一 炮8进3

28. 马八进六 车3进2	29. 马六进五 车3退8
30. 马二退一 炮8进1	31. 马五进七 马5进3
32. 炮四进二!（图2）车3平4	
33. 仕六进五 马4进3?	
34. 车八退二 前马退5	
35. 马七退六 马5进7	
36. 炮四进二 象7进9	
37. 马一进三 车4进6	
38. 兵五进一 炮8进3	
39. 兵五进一 象5退3	
40. 车八进七 马3进5	
41. 车八平七 士5退4	
42. 炮四退一 马5进4	
43. 仕五进六 车4退2	

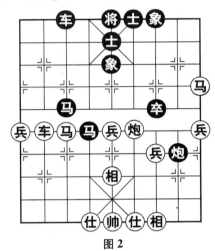

图2

44. 仕六退五 马7进9	45. 车七退七 马9退8
46. 车七平六 车4平2	47. 相五退七 马8进7
48. 帅五平六 士4进5	49. 兵五进一 车2平5
50. 炮四进一! 车5进4	51. 车六平七

第44局 谢靖胜赵金成

（2004年大江摩托杯全国象棋个人赛弈于璧山）

1. 兵七进一 象3进5
2. 马八进七 卒7进1
3. 炮二平六 马8进7
4. 马二进三 车9平8
5. 相七进五 炮8进2
6. 车一平二 马2进3
7. 车二进四 炮2退1
8. 炮八平九 炮2平6?（图1）
9. 车九平八 卒3进1
10. 仕六进五 士4进5
11. 炮九退一 炮6进1
12. 炮九平七 炮8平9?

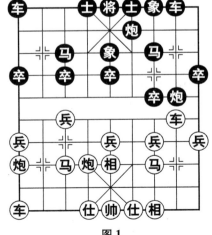

图1

13. 车二进五　马7退8

14. 马七进六　马8进7

15. 车八进六　炮6进1

16. 车八进一　马3退4

17. 炮六平七　卒3进1

18. 后炮进三　炮6退1

19. 车八退一　炮6进1

20. 车八进一　炮9平8

21. 兵三进一　象7进9

22. 马六进七!（图2）卒1进1

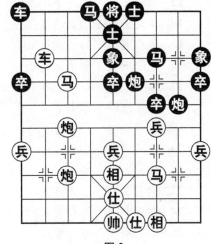

图2

23. 马七进五　马4进5

24. 车八平五　马7进6

25. 车五退一　马6进4

26. 车五平四　马4进3

27. 炮七平五　士5进4

28. 车四平二　车1平2

29. 仕五退六　卒7进1

30. 车二退一　卒7进1

31. 马三退五　马3进1

32. 车二平五　将5平4

33. 炮五平六　士4退5

34. 马五退七　马1退2

35. 炮六退三　将4平5

36. 马七进八　马2退4

37. 马八进七　马4进6

38. 车五平六　马6进7

39. 帅五进一　车2进8

40. 马七进六　士5进4

41. 马六进四　将5进1

42. 车六进二　马7退6

43. 帅五退一　将5平6

44. 马四进二　马6进7

45. 帅五进一　将6平5

46. 车六退一　象9进7

47. 马二进四　马7退6

48. 帅五退一　马6进7

49. 帅五进一　象7退5

50. 车六进二　将5退1

51. 马四退五

第45局　许国义胜于幼华

（2011年句容茅山·碧桂园杯全国象棋个人赛）

1. 兵七进一　象3进5

2. 马八进七　卒7进1

3. 相三进五　马2进3

4. 车九进一　马8进7

5. 炮二进四　卒3进1

6. 兵七进一　象5进3

7. 马七进六　象3退5

8. 炮八平六　卒9进1

9. 马二进三 车9进3

10. 炮二退二 炮2进2

11. 马六进八 马3进2

12. 炮六进五 士4进5！（图1）

13. 炮六平三 车9平7

14. 车九平八 马2进3

15. 车八进二 马3退4

16. 炮二平七 车7退1

17. 车一平二 车7平6

18. 车二进四 车1平3

19. 仕四进五 马4进6

20. 马三退一 卒5进1

21. 兵三进一 卒7进1

22. 炮七平三 车3进3

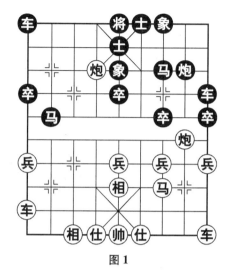

图1

23. 炮三退四 车3平4

25. 车八平七 炮8平7

27. 车三退一 卒9进1？

29. 马三进四 车6进5

31. 仕四退五 炮9平5

24. 炮三平四 马6进4

26. 车二平三 炮7平9

28. 马一退三 炮9进4

30. 仕五进四 卒5进1

32. 车七退一 炮5平1

33. 车三进一 车4平5

34. 车三平一 马4退3

35. 车七进一 炮1平2

36. 炮四平三 卒1进1

37. 车一平三 象7进9

38. 炮三进二 炮2退4

39. 相五进七 炮2平3

40. 相七进九 象5进7

41. 车三平二 炮3平5

42. 相七退五 车5进1

43. 炮三平一 卒5平4

44. 相九退七 马3进5

45. 炮一进三 马5进6？（图2）

47. 帅五平四 车5平6

49. 仕六进五 车6平9

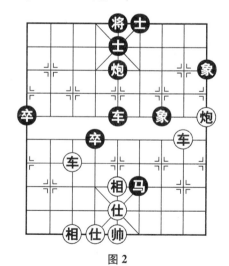

图2

46. 仕五进四 车5进3

48. 帅四平五 卒4平5

50. 帅五平六 车9进2

51. 帅六进一　卒5平4　　　52. 车二平六　炮5平4

53. 车六平五

第46局　谢岿胜林宏敏

（2006年西乡引进杯全国象棋个人赛弈于深圳）

1. 兵七进一　象3进5　　　2. 马八进七　马8进7

3. 炮八平九　卒7进1　　　4. 车九平八　马2进4

5. 马二进一　卒3进1　　　6. 兵七进一　车1平3

7. 相七进五　车3进4　　　8. 车一进一　车9进1

9. 车一平六　马7进8　　　10. 炮二平四　炮2平3

11. 车八进二　炮3退2　　　12. 马七进八　马4进2

13. 马八进六　车9平4　　　14. 车八平六　马8退7

15. 兵三进一　炮3进3

16. 马六进七　车4进6

17. 车六进一　士6进5

18. 车六平八　马2退3

19. 车八进二　马3进4

20. 仕六进五？（图1）卒1进1

21. 马七退九　车3平5

22. 炮九平八　马7进8

23. 兵一进一？卒7进1

24. 车八平三　车5平2

25. 兵九进一　炮8平7

26. 车三平六　炮3退2

27. 马一进二　炮7平9

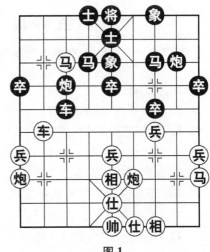

图1

28. 马九进七　车2平3　　　29. 马七退六　马4进2

30. 炮四平二　车3平4　　　31. 车六进一　马2进4

32. 炮二进三　卒1进1　　　33. 马二进四　马4退6？

34. 炮二进四　士5退6　　　35. 马四进六　炮3平4

36. 炮八进四　马6退8　　　37. 炮八平五　士4进5

38. 炮五平二　炮9进3　　　39. 兵五进一　马8进6

40. 兵五进一　马6退4　　　41. 马六进八　炮4退1

42. 兵五进一　马4进5　　　43. 马八退六　马5进6

44. 仕五进四　士5进4?

45. 马六退五　马6进4

46. 马五退六　炮4进7

47. 兵五进一　士4退5

48. 相五进三!（图2）将5平4

49. 兵五进一　炮9退1

50. 后炮退一　炮4退4

51. 帅五平六　炮9进2

52. 后炮退二　炮9退2

53. 后炮平三!

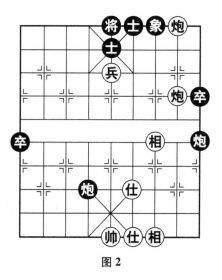

图2

第47局　孙勇征胜吕钦

（2002年第十三届银荔杯象棋争霸赛弈于北京）

1. 兵七进一　象3进5　　2. 马八进七　卒7进1

3. 炮二平六　马8进7　　4. 马二进三　车9平8

5. 炮八进二　马2进3　　6. 相七进五　马7进8

7. 兵三进一　卒7进1　　8. 炮八平三　车1平2

9. 车九平八　车8进1

10. 车八进六　车8平6

11. 车一进一　炮2退1

12. 兵一进一!（图1）炮2平1

13. 车八进三　马3退2

14. 兵一进一　卒9进1

15. 车一进四　马8进6

16. 车一平二　炮8平9

17. 车二进二　车6进2?

18. 炮六进四!　卒5进1

19. 炮六平九　卒3进1

20. 马三进四　车6平1

21. 兵七进一　马2进3

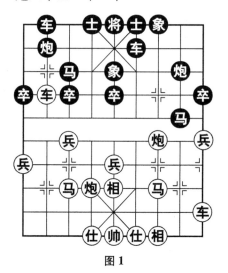

图1

22. 车二平三　车1平6　　23. 马四退六　马3进5
24. 车三平二　马5进3　　25. 马六进七　象5进3
26. 车二退二　象3退5　　27. 车二平五　车6平3
28. 马七进六　车3进3　　29. 炮三退一　车3进2
30. 马六进四　炮1平5　　31. 车五平六　车3平7
32. 炮三进一　车7平6　　33. 仕六进五　炮5平7
34. 炮三平五　士6进5
35. 帅五平六　将5平6
36. 马四进三　车6平7
37. 车六平四　将6平5
38. 马三退二　车7退5
39. 马二进四　炮9平6
40. 炮五进二!（图2）车7进3
41. 车四平六　将5平6
42. 马四退三　象7进9
43. 车六平二　象5进7
44. 马三进五　炮7退1
45. 车二进一　车7平9
46. 车二平四　车9退1

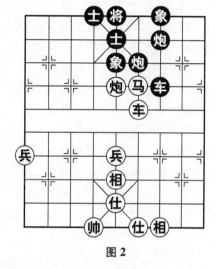

图2

47. 炮五平七　车9平4　　48. 帅六平五　车4退1
49. 兵五进一　车4平3　　50. 车四进一!　将6平5
51. 车四平三　炮7平8　　52. 炮七平五　将5平6
53. 炮五平二　车3进2　　54. 车三退二

第48局　宗永生负陈富杰

（2003年武汉怡莲寝具杯全国象棋个人赛）

1. 兵七进一　象3进5　　2. 马八进七　卒7进1
3. 炮二平六　马8进7　　4. 马二进三　车9平8
5. 炮八平九　炮2平4　　6. 车九平八　马2进3
7. 相三进五　车1平3　　8. 仕四进五　卒3进1
9. 兵七进一　象5进3　　10. 车八进六　炮8进1
11. 炮六进四　炮4平6　　12. 车一平四　士4进5
13. 车四进六　炮8进6　　14. 马三退二　车8进9

15. 仕五退四　马3进4!（图1）

16. 车四退五　车8退4

17. 车四平八　炮6平1

18. 炮九进四　象7进5

19. 炮九退一　炮1平4

20. 炮九退一　车8进1

21. 炮九平五　马7进6

22. 炮六平一　马6进7

23. 炮五平七　车3平4

24. 兵一进一　马4进6

25. 前车平六　卒5进1

26. 车六退二　马6退5

27. 车六进二　马5退7

28. 炮一平三　车8退3

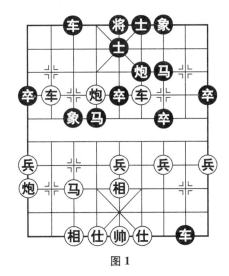

图 1

29. 兵一进一　前马进9

30. 车八平一　马9退8　　**31.** 炮三平四　马8退6

32. 车六平八　炮4进1　　**33.** 炮四进二？炮4平5

34. 仕六进五　卒5进1!（图2）

35. 车八退三　卒5进1

36. 炮七平四　卒5进1

37. 相七进五　车8进4

38. 后炮退二　卒7进1

39. 车一进二　卒7进1

40. 车一进一　马6进8

41. 车八平五　卒7平6

42. 车五进一　卒6进1

43. 车一平二　车8退2

44. 车五平二　卒6平5

45. 马七进六　车4进4

46. 车二平三　象5进7

47. 炮四退五　卒5进1

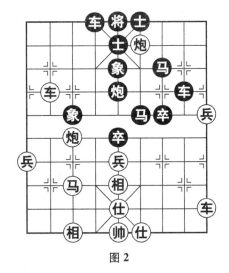

图 2

48. 帅五进一　炮5退1

49. 帅五平四　马7进5　　**50.** 炮四平二　士5进4

51. 炮二平五　将5平4!　　**52.** 马六退七　车4平6

53. 帅四平五　马5进6　　**54.** 炮五平四　马6进4

第49局 宗永生胜臧如意

（1996年成都全国象棋团体赛）

1. 兵七进一　象3进5
2. 马八进七　卒7进1
3. 炮八平九　马2进3
4. 车九平八　车1平2
5. 炮二平六　马8进7
6. 马二进三　马7进6
7. 车八进六　车9进1
8. 车一平二　炮8平7
9. 相三进五　车9平4
10. 仕四进五　炮2退1?（图1）
11. 车二平四　车4进3
12. 马七进六　车4进1
13. 车四进五　士4进5
14. 车四进一!　车4进1
15. 兵九进一　车4平3
16. 车四平三　炮7平6
17. 炮九进四　卒3进1
18. 兵七进一　车3退2
19. 炮九平五　马3进5
20. 车三平五　卒9进1
21. 兵五进一　炮2进1
22. 兵五进一　车2平4
23. 马三进五　车4进6
24. 马五进六　炮2平4
25. 车五平七　炮4退2
26. 车七退一　象5进3
27. 兵九进一　车4平7
28. 炮六平九　士5进4
29. 兵九平八!（图2）炮6进3
30. 兵八平七　炮6平5
31. 帅五平四　车7平6
32. 仕五进四　卒7进1
33. 车八退二　卒7平6
34. 马六进七　炮4进9

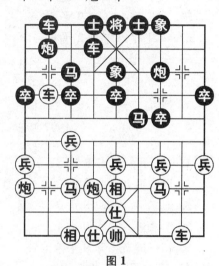

图1

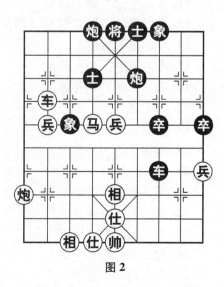

图2

35. 马七进九	士6进5	**36.** 马九进七	将5平6
37. 车八进五	象7进5	**38.** 马七退五	将6进1
39. 马五退七	象5进3	**40.** 车八退一	将6退1
41. 马七进八	象3退5	**42.** 兵五进一	炮4退2
43. 相五退三	炮4退3	**44.** 相三进五	象5退3
45. 车八平七	象3进1	**46.** 马八退九	炮4进3
47. 相五退三	炮4退1	**48.** 相三进五	车6平9
49. 马九进八	车9进3	**50.** 帅四进一	车9退1
51. 帅四退一	车9平1	**52.** 兵五进一	炮5平2
53. 车七平八	炮2平4	**54.** 车八平三	前炮平6
55. 仕四退五			

第50局　宗永生胜尚威

（1997年漳州全国象棋个人赛）

1. 兵七进一	象3进5	**2.** 马八进七	卒7进1
3. 炮八平九	马2进3	**4.** 车九平八	车1平2
5. 炮二平六	马8进7	**6.** 马二进三	马7进6
7. 车八进六	车9进1	**8.** 车一平二	炮8平7
9. 相三进五	车9平4	**10.** 车二进四	卒7进1
11. 车二平三	炮2退1	**12.** 仕四进五	车4进5
13. 车三平四	炮2平6！（图1）		
14. 车八进三	炮6进4		
15. 车八退一	马6进8		
16. 车八平四	炮6退1？		
17. 马七进八	士4进5		
18. 兵三进一	炮7平6		
19. 车四平二	马8进7		
20. 炮六平三	车4平5		
21. 马八进七	车5平9		
22. 车二退三	车9进3		
23. 炮三退二	前炮进4		
24. 炮三平二	车9退5		
25. 车二退四	前炮退3		

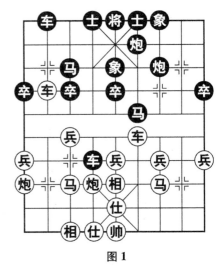

图1

26. 炮二平三　车9平2	27. 车二进五　卒9进1?
28. 车二平四　前炮平5	29. 车四退二　炮5进1
30. 车四退一　炮5退1	31. 炮九平七　卒9进1
32. 车四平五　炮5平6	33. 车五平七!　车2退1
34. 兵七进一　马3退2	35. 车七进一　前炮进1
36. 兵七平六　前炮平9	37. 马七退八!　炮9进3
38. 仕五退四　卒5进1	39. 炮七平八　车2平6
40. 炮八进七　车6进6	
41. 帅五进一　车6平5	
42. 帅五平六　车5平4	
43. 帅六平五　车4平5	
44. 帅五平六　炮6进6	
45. 炮三进一　炮9退1	
46. 马八进九　炮6退1	
47. 炮三进一　炮6进1	
48. 炮三退一　炮6退4	
49. 炮三进一　炮6进4	
50. 炮三退一　卒5进1	
51. 马九进八　炮6退3	
52. 炮三进八!（图2）象5退7	

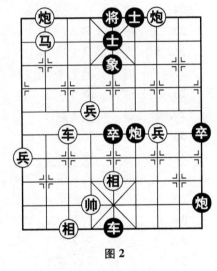

图 2

53. 车七进五　士5退4	54. 马八退六　将5进1
55. 车七退一　将5进1	56. 炮八退二

第51局　庄玉庭负吕钦

（2006年西乡引进杯全国象棋个人赛弈于深圳）

1. 兵七进一　象3进5	2. 马八进七　卒7进1
3. 炮二平六　马8进7	4. 马二进三　车9平8
5. 相七进五　马2进3	6. 炮八进二　马7进8
7. 兵三进一　卒7进1	8. 炮八平三　车1平2
9. 车九平八　车8进1	10. 车八进六　炮2平1
11. 车八进三　马3退2	12. 车一进一　车8平2
13. 马七进八　车2平4	14. 炮六平九　车4进3
15. 马八进七　炮1进4	16. 车一平八　马2进1

17. 马七进八?（图1） 卒1进1

18. 仕六进五 士4进5

19. 车八进二 炮1退1

20. 炮三进二? 炮8平7

21. 炮三平二 炮7进4

22. 车八进一 炮1进1

23. 马八退七 车4平2

24. 兵五进一 马8进6

25. 马三进五 马6进8

26. 车八进一 马1进2

27. 马七退八 炮1平2!（图2）

28. 兵七进一 象5进3

29. 炮二退一 卒1进1

30. 马八进六 马2进3

31. 马六退七 炮7平3

32. 马五进三 马8进7

33. 帅五平六 炮3平4

34. 炮九退一 炮2进2

35. 炮二退三 马7退6

36. 帅六平五 卒1进1

37. 炮二平四 象3退5

38. 炮九退一 象5进7

39. 炮九平七 炮2平3

40. 兵一进一 炮4退1

41. 马三退五 炮4进1

42. 兵五进一 卒5进1

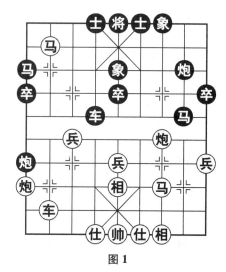

图1

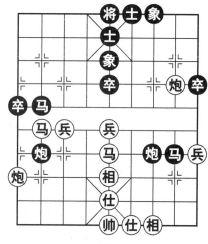

图2

43. 马五进六 炮3退4

44. 马六进七 象7退5

45. 马七进八 卒1平2

46. 马八退九 炮4平3

47. 炮七进五 象5进3

48. 马九退八 炮3平4

49. 马八进七 炮4退4

50. 马七退九 象3退1

51. 马九退八 炮4平9

52. 马八进七 象1进3

53. 炮四平一 马6进7

54. 帅五平六 马7退9

55. 相三进一 卒5进1

56. 马七退九 卒2平3

第52局　赵国荣胜黄海林

（2007年七斗星杯全国象棋甲级联赛弈于哈尔滨）

1. 兵七进一　象3进5		2. 马八进七　卒7进1
3. 炮八平九　马2进3		4. 车九平八　车1平2
5. 炮二进四　马8进7		6. 马二进一　马7进8
7. 炮二平七　卒9进1		8. 车八进五　卒9进1
9. 兵一进一　车9进5		10. 相七进五　炮2退1
11. 兵三进一　炮2平9		12. 车八进四　马3退2
13. 兵三进一　象5进7		14. 炮九进四?　车9平6
15. 马一退三　象7退9		16. 马三进一　象9进7
17. 马一退三　象7退9		
18. 马三进一　车6进3?（图1）		

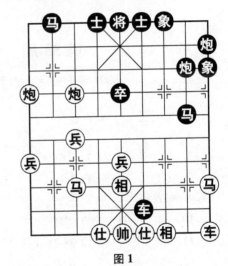

图1

19. 炮九平五　马2进4		
20. 炮七进三　将5进1		
21. 炮五退二　马4进2		
22. 炮七退二　将5平6		
23. 仕六进五　车6平8		
24. 炮五平六　马8进6		
25. 炮六退三　车8退1		
26. 炮六进一　车8进1		
27. 马七进六　将6平5		
28. 炮六退一　车8退2		
29. 马六进四　将5退1		
30. 车一进一　士4进5		31. 车一平三　车8平5
32. 车三进二!　车5平4		33. 车三平六　马6进4
34. 马四进六　炮8平4		35. 炮六进一　炮9平6
36. 马一进三　炮6进5		37. 兵九进一　象9进7
38. 马三进一　象7进5		39. 马一进二　炮6退5
40. 马二退四　士5进6		41. 马四退五　士6进5
42. 马五进六　炮4进2		43. 炮六进三　马2退3
44. 炮七进一?（图2）马4退6		45. 炮六平八　炮6平3
46. 炮八进四　士5退4		47. 马六进七　将5平6

48. 兵九进一　士6退5

49. 兵九平八　马6退5

50. 马七退六　将6进1

51. 炮八退一　将6退1

52. 炮八平七　马5进4

53. 兵七进一　士5进6

54. 兵八进一　士4进5

55. 兵七进一　士5进4

56. 马六进四

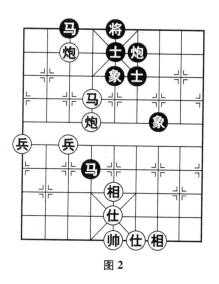

图2

第53局　谢岿负程吉俊

(2007年鄞州杯全国象棋大师冠军赛弈于宁波)

1. 兵七进一　象3进5

2. 马八进七　卒7进1

3. 炮八平九　马8进7

4. 车九平八　马2进4

5. 炮二平六　马7进6

6. 马二进三　卒3进1

7. 兵七进一　车1平3

8. 车一平二　车3进4

9. 车八进二　车9进1

10. 车二进四　卒7进1

11. 车二平三　炮2退2！（图1）

12. 炮九退一　马4进2

13. 车八平九　炮2平3

14. 马三退五　车9平4

15. 马七进八　炮8进5！

16. 马五进六　炮8平1

17. 炮六进六　炮3进9

18. 仕六进五　车3进2

19. 马八退九　车3平4

20. 车三平七　炮3平1

21. 马九退七　车4退5

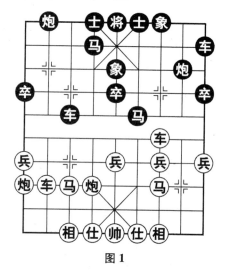

图1

22. 马七退九	车4进5	23. 马九进七	车4平1
24. 炮九平八	车1进2	25. 炮八进五	车1平2
26. 炮八平一	马6进5	27. 马七进六	马2进3
28. 车七退一	马5进6!	29. 马六进七	车2进1
30. 仕五退六	马6退4	31. 帅五进一	象5进3
32. 炮一平九	车2平4	33. 车七平六	车4平5
34. 帅五平六	马4进2		
35. 车六平八	车5平6!（图2）		
36. 帅六平五	车6平7		
37. 车八平五	车7退1		
38. 帅五退一	马2退4		
39. 帅五平六	马4进6		
40. 车五退二	车7进1		
41. 帅六进一	车7平1		
42. 车五进五	象3退5		
43. 帅六平五	马6退8		
44. 炮九平八	车1退3		
45. 炮八退四	车1平7		
46. 车五退四	马8进7		

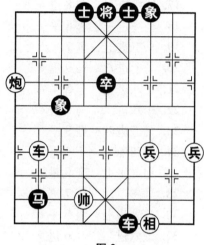

图2

47. 帅五平六	车7平9	48. 车五平三	马7退9
49. 车三平七	士4进5	50. 炮八退一	马9退8
51. 炮八进八	士5进4	52. 车七进七	将5进1
53. 车七退一	将5退1	54. 车七进一	将5进1
55. 车七平四	车9进2	56. 帅六退一	车9平2
57. 炮八平九	车2进1	58. 帅六进一	象5进3

第54局　苗永鹏胜宗永生

（2004年大江摩托杯全国象棋个人赛弈于璧山）

1. 兵七进一	象3进5	2. 马八进七	卒7进1
3. 相七进五	马8进7	4. 马二进一	卒9进1
5. 车一进一	炮8平9	6. 炮八平九	车9平8
7. 炮二平三	马2进3	8. 兵三进一	马7进8
9. 兵三进一	马8进9	10. 炮三平四	象5进7

11. 车九平八　车1平2

12. 车八进六　象7退5?（图1）

13. 炮四进五!　炮2平1

14. 车一平八　车2进3

15. 车八进五　象5退3

16. 炮四平九　象3进1

17. 仕六进五　车8进4

18. 马一进三　车8平7

19. 马三进五　车7平5

20. 马七进八　马9退8

21. 马八进七　车5平4

22. 车八进二　马8进6?

23. 马五进四　炮9平6

24. 马四退三　车4平7

26. 炮九平七　卒9进1

28. 马三退四　车7进2

30. 马九进七　将5平6

32. 炮六进二　马6进7

34. 炮六进二　马7退6

36. 马七退九　炮9进1

38. 马七退九　马3退1

40. 炮九进二　炮9平1

42. 兵九进一　炮1平2

44. 车七退一　炮2平4

46. 车三平六　象9退7

48. 车六平三　象7进9

50. 兵七平六　炮4平6

52. 车三平四　马6进7

54. 兵八进一　车7进1

56. 车四进三　卒7平6

58. 马七退六　车3进2

60. 车四平三

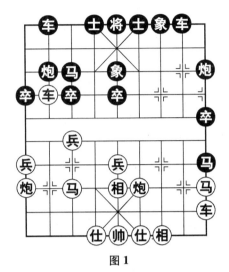

图1

25. 兵五进一　士6进5

27. 兵九进一　卒9平8

29. 马七进九　车7平3?

31. 炮七平六　炮6平9

33. 车八退二　车3平4

35. 车八平七　炮9退1

37. 马九进七　炮9退1

39. 炮六平九　车4退4

41. 马九进七　车4平6

43. 兵九平八　炮2进1

45. 车七平三　象7进9

47. 兵七进一　车6进1

49. 车三平一　象9退7

51. 车一平三　车6平7

53. 兵六进一　象7进9

55. 车四退二　卒8平7

57. 兵六平五　车7平3

59. 前兵进一!（图2）炮6退1

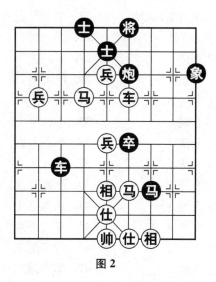

图 2

第 55 局　程鸣负柳大华

（2010 年伊泰杯全国象棋精英赛弈于鄂尔多斯）

1. 兵七进一　象 3 进 5	2. 马八进七　卒 7 进 1
3. 相七进五　马 8 进 7	4. 马二进一　车 9 进 1
5. 车一进一　车 9 平 4	6. 仕六进五　马 7 进 8
7. 车一平二　马 8 进 7	8. 炮二平三　马 7 进 9
9. 车二进一　炮 8 平 7	

10. 炮三平一　车 4 进 5

11. 车九平六　车 4 平 3

12. 车二进四?（图 1）炮 7 进 7

13. 相五退三　车 3 进 1

14. 炮八进四　马 2 进 3

15. 炮一进四　士 4 进 5

16. 炮八平五　车 1 平 2

17. 车六平八　炮 2 进 4

18. 相三进五　炮 2 进 1

19. 仕五进四　炮 2 平 5!

20. 车八进九　马 3 退 2

21. 炮五退四　车 3 平 5

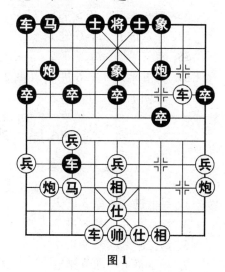

图 1

22. 仕四退五	车5退1	**23.** 车二平七	马2进4
24. 车七平三	卒1进1	**25.** 兵七进一	车5平1
26. 兵七平八	卒1进1	**27.** 兵一进一	车1平2
28. 兵八进一	士5退4	**29.** 仕五退六	马4进6
30. 车三平四	士4进5	**31.** 兵一进一	车2平8
32. 兵八进一	马6进8	**33.** 车四平九	士5退4
34. 车九退二	马8进7	**35.** 车九平四	车8退3
36. 炮一进三	士4进5	**37.** 兵八进一	马7退9
38. 车四退二	马9进8	**39.** 车四平二	卒7进1
40. 仕六进五	卒7进1	**41.** 兵八平七	车8平9
42. 炮一平二	车9平4	**43.** 车二平六?	车4平3
44. 帅五平六	车3退2	**45.** 炮二退三	车3进8
46. 帅六进一	马8退7	**47.** 车六进二	车3退6
48. 炮二退二	卒7平6		
49. 帅六退一	卒6平5		
50. 车六平三	车3平8		
51. 帅六平五	卒5进1		
52. 帅五平六	士5进4		
53. 帅六平五	象7进9		
54. 炮二平一	象5退7		
55. 仕五退六	车8平5		
56. 炮一平二	卒5平6		
57. 仕六进五	卒6进1		
58. 车三平四	车5平2		
59. 帅五平六	卒6进1！（图2）		
60. 车四退四	马7进5		

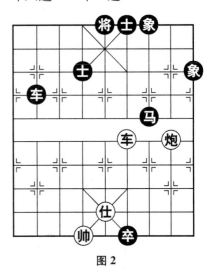

图2

第56局 李锦雄胜姚洪新

（2012年第五届杨官璘杯全国象棋公开赛弈于东莞）

1. 兵七进一	象3进5	**2.** 马八进七	卒7进1
3. 炮八平九	马8进7	**4.** 车九平八	马2进4
5. 炮二平六	车9进1	**6.** 马二进三	马7进8
7. 相三进五	车9平6	**8.** 仕四进五	炮2平3

9. 车八进四　车 1 进 1

10. 车一平四　车 6 进 8

11. 仕五退四　马 8 进 7

12. 马七进六　卒 5 进 1

13. 炮六进一！（图 1）卒 5 进 1

14. 兵五进一　炮 8 进 3

15. 兵五进一？卒 3 进 1

16. 车八进二　卒 3 进 1？

17. 马六退四　炮 8 平 5

18. 仕六进五　马 7 进 9

19. 马三进二！卒 3 进 1

20. 炮六进三　马 9 退 7

21. 炮六平九　卒 7 进 1

22. 马二进三　车 1 平 3

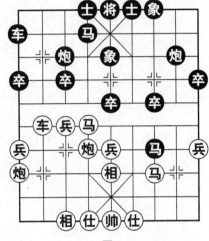

图 1

24. 马四进三　炮 5 进 1

26. 车八平六　炮 3 平 1

28. 前马进五！象 7 进 5

30. 炮九进七　士 4 进 5

32. 车七进一　将 4 进 1

34. 车七进五　将 4 退 1

36. 仕五进六　马 9 进 7

38. 仕六退五　炮 6 进 3

39. 车七进一　将 4 进 1

40. 车七退五　马 7 退 6

41. 帅六平五　炮 6 平 4

42. 车七进四　将 4 退 1

43. 炮九平四！（图 2）士 5 退 6

44. 车七进一　将 4 进 1

45. 车七平四　卒 7 进 1

46. 仕五退六　马 6 进 7

47. 帅五进一　后炮平 9

48. 帅五平六　炮 9 平 4

49. 帅六平五　后炮平 9

50. 帅五平六　炮 9 平 4

23. 兵五进一　象 5 进 7

25. 前炮进三　车 3 退 1

27. 车六进二　车 3 平 1

29. 马三进四　炮 1 平 6

31. 车六平七　将 5 平 4

33. 车七退六　炮 5 平 9

35. 兵五进一　马 7 进 9

37. 帅五平六　炮 9 平 4

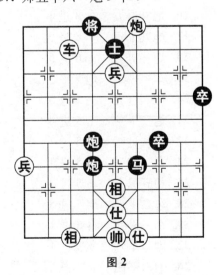

图 2

65

51. 帅六平五　后炮平9　　　52. 帅五平六　炮9进3

53. 仕六进五　马7退5　　　54. 帅六进一　马5退4

55. 车四退一　将4退1　　　56. 兵五进一　马4进6

57. 帅六平五　马6进7　　　58. 帅五平六　马7退6

59. 帅六平五　炮9平6　　　60. 车四平二　马6进7

61. 兵五平六

第57局　孙勇征胜董旭彬

（2003年千年银荔杯全国象棋甲级联赛弈于上海）

1. 兵七进一　象3进5　　　2. 马八进七　卒7进1

3. 炮二平六　马8进7　　　4. 马二进三　车9平8

5. 相七进五　炮2进4　　　6. 马七进六　马2进1

7. 炮八平九　车1平2　　　8. 车九平八　炮8进3

9. 炮九进四　卒7进1?（图1）

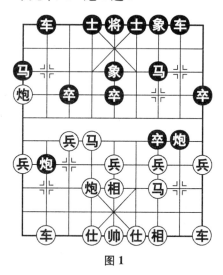

图1

10. 马六进五　炮2平7

11. 车八进九　马1退2

12. 马五进三　炮7退4

13. 马三进二　车8进5

14. 车一进一　马2进3

15. 炮九进三　象5退3

16. 炮九退五　车8进1

17. 炮九平三　车8平5?

18. 炮三进五　士6进5

19. 车一平二　炮7平5

20. 仕六进五　马3进5

21. 炮三平一　士5进4

22. 车二进八　将5进1　　　23. 车二退一　将5退1

24. 车二进一　将5进1　　　25. 车二退五　象3进1

26. 相五退七　马5进7　　　27. 炮六平五　马7进6

28. 车二平三　炮5进5　　　29. 相三进五　车5平1

30. 车三进四　将5退1　　　31. 车三进一　将5进1

32. 炮一平六　卒3进1　　　33. 兵七进一　象1进3

34. 炮六平四　象3退5　　　35. 车三退一　将5退1

36. 炮四退三	车1退3	37. 炮四退二	车1平6
38. 炮四平九	马6退5	39. 炮九平五	车6进2
40. 炮五进三	车6退3	41. 炮五退一	车6进4
42. 兵一进一	车6退1	43. 车三退五	车6平9
44. 车三平五	马5退3	45. 炮五平三	士4退5
46. 炮三退四	马3进4	47. 相五进七	车9平6
48. 相七进九	卒9进1	49. 车五平六	卒9进1
50. 炮三平五	将5平6		
51. 炮五平八	马4退3		
52. 车六平五!（图2）	车6退1		
53. 车五进五	马3进5		
54. 炮八平四	车6平7		
55. 车五退二	卒9平8		
56. 仕五进六	卒8进1		
57. 仕四进五	马5进7		
58. 炮四退二	车7平5		
59. 车五平六	将6平5		
60. 帅五平六!	车5平6		
61. 炮四平五	将5平6		
62. 车六平五			

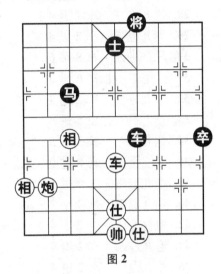

图2

第58局　许银川胜柳大华

（2012年国弈大典之决战名山象棋系列赛弈于木兰山）

1. 兵七进一	象3进5	2. 马八进七	卒7进1
3. 炮二平六	马8进7	4. 马七进六	马2进1
5. 马二进三	炮8进3	6. 马六进七	士4进5
7. 马七进九	车1进2	8. 炮八平九	炮2退2
9. 车九平八	炮2平3	10. 相三进五	车9平8
11. 仕六进五	炮8平4	12. 车一进一	炮4退5
13. 车一平四	车1平4	14. 炮六进七	士5退4
15. 车四进六	车8进2	16. 兵三进一	卒7进1
17. 相五进三	士6进5	18. 车四退一	车4进4
19. 相三退五	车4平1	20. 车八进六	卒1进1

21. 车四平三   车1平4

22. 车八平九   车4退2

23. 炮九平八   车4平2

24. 炮八平六   炮3进2

25. 炮六进六！（图1）车8进2

26. 车九平七   炮3平4

27. 炮六平九   卒1进1

28. 炮九进一   车2退4

29. 炮九退三   车2进4？

30. 马三进四   车8平6

31. 兵七进一！ 车6平3

32. 炮九进三   车2退4

33. 车七退一   象5进3

34. 炮九退一   象3退5

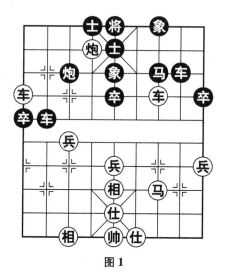

图1

36. 车三平五   马8进9

38. 炮九退三   车2进4

40. 炮九退四   炮4平9

42. 炮九进四   车2退4

44. 炮九进四   车2退4

46. 相五退三   车2进4

48. 炮九退四   车2进4

50. 炮九退四   车2进5

51. 相七进五   卒9进1

52. 马三进二   车2平6？（图2）

53. 车五平七   将5平6

54. 炮九平四   马9进8

55. 车七平四   士5进6

56. 车四平六   士6退5

57. 帅五平六！ 将6进1

58. 车六平四   士5进6

59. 车四进一   将6平5

60. 炮四平五   象5进3

61. 马二退四！ 车6平4

62. 帅六平五

35. 马四进二   马7退8

37. 马二进四   炮4进4

39. 炮九进四   车2退4

41. 马四退三   车2进4

43. 炮九退四   车2进4

45. 炮九退四   炮9进3

47. 炮九进四   车2退4

49. 炮九进四   车2退4

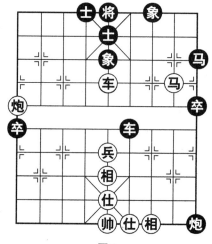

图2

第 59 局 许银川胜陶汉明

（1998 年第九届银荔杯象棋争霸赛弈于桂林）

1. 兵七进一　象 3 进 5
2. 马八进七　卒 7 进 1
3. 炮二平五　马 8 进 7
4. 马二进三　马 2 进 4
5. 车一平二　炮 8 进 2
6. 炮八平九　卒 3 进 1
7. 兵七进一　车 1 平 3
8. 车九平八　车 3 进 4
9. 马七进六　车 3 平 4?（图 1）

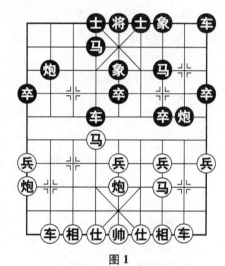

图 1

10. 车二进四　马 4 进 3
11. 车八进七　车 4 进 1
12. 车二平六　马 3 进 4
13. 炮九进四　马 7 进 6
14. 炮九进三　象 5 退 3
15. 车八平二!　马 6 进 7
16. 车二平六!　马 4 进 5
17. 车六进二　将 5 进 1
18. 相七进五　象 3 进 5
19. 车六平四　车 9 进 1
20. 炮九退一!　车 9 进 1
21. 车四退五　炮 8 进 4
22. 车四平二　炮 8 平 6
23. 车二退一　马 7 进 5
24. 帅五进一!（图 2）马 5 进 3
25. 帅五平四　车 9 平 6
26. 帅四平五　车 6 进 5
27. 马三进二　车 6 进 2
28. 帅五平六　马 3 退 4
29. 马二进一　马 4 进 2
30. 帅六平五　马 2 退 4
31. 帅五平六　车 6 退 1
32. 仕六进五　车 6 平 5
33. 帅六退一　车 5 平 6
34. 车二退一　车 6 进 1

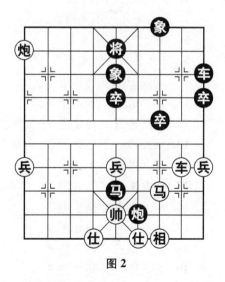

图 2

35. 帅六进一	车6退6	36. 马一进三	车6退1
37. 马三退一	卒7进1	38. 兵一进一	卒7进1
39. 车二平六	马4退3	40. 炮九退一	象5进7
41. 炮九退三	象7退5	42. 炮九平二	卒7平6
43. 车六平三	卒6平5	44. 车三进六	将5退1
45. 炮二进五	象7进9	46. 车三进一	将5进1
47. 车三退一	将5退1	48. 车三进一	将5进1
49. 车三退一	将5进1	50. 马一进三	后卒进1
51. 车三进一	将5进1	52. 炮二退二!	象9退7
53. 炮二平四	将5退1	54. 炮四退七	后卒进1
55. 马三退四	前卒平4	56. 兵一进一	卒5进1
57. 炮四平五	将5平6	58. 兵一平二	马3进2
59. 炮五平六	马2进1	60. 兵二进一	马1退3
61. 兵九进一	卒5平6	62. 炮六进三	

第 60 局 孟辰胜柳大华

(2012 年第二届周庄杯海峡两岸象棋大师赛弈于昆山)

1. 兵七进一	象3进5	2. 马八进七	卒7进1
3. 炮二平六	马8进7	4. 马二进三	马7进6
5. 车一平二	车9进1	6. 车二进四	车9平4
7. 炮八平九	车4进5		
8. 车二平四	车4退2		
9. 车九平八	炮8平6		
10. 车四平二	马2进1		
11. 仕四进五	车1平2		
12. 相三进五	炮2进4		
13. 兵九进一	炮2平3?(图1)		
14. 炮九进四	士4进5		
15. 炮九平五	马6进7?		
16. 车八进九	马1退2		
17. 炮五平三	炮6平7		
18. 炮三退三	炮7进4		
19. 兵五进一	马2进3		

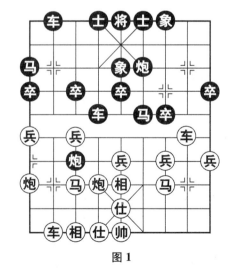

图 1

20. 车二平四 车4进2	21. 兵五进一 炮7平8
22. 车四平二 炮8平5	23. 马三进五 车4平5
24. 兵九进一 炮3平9	25. 车二平一! 车5平3
26. 马七退八 炮9平5	27. 车一退一 卒7进1
28. 马八进九 车3平1	29. 兵九平八 卒7平6
30. 兵八进一 卒6平5	31. 车一进一 炮5退2
32. 车一平五 炮5平1	33. 兵八平七 马3退4
34. 马九退八 车1平2	35. 马八进七 车2平3
36. 马七退八 车3平2	37. 马八进七 车2平3
38. 马七退八 车3平8	39. 车五进二 卒9进1
40. 车五退一 炮1进2	41. 马八进七 炮1平5
42. 帅五平四 炮5平3	43. 前兵平六 卒9进1
44. 车五平四 车8平4	45. 兵七进一 卒9平8
46. 兵七进一 车4平9	47. 炮六进二 马4进2
48. 炮六平五 将5平4	49. 车四平八 马2进1
50. 车八进四 象5退3	
51. 兵七平八!（图2）象7进5	
52. 兵八平九 车9进3	
53. 帅四进一 车9退6	
54. 车八退六 炮3退2	
55. 车八进二 车9进1	
56. 车八退二 车9平6	
57. 仕五进四 车6进1	
58. 炮五进一 车6退1	
59. 车八平五 卒8进1	
60. 马七进六 车6平9	
61. 马六进八 卒8平7	
62. 马八进七 将4平5	
63. 兵六进一 卒7平6	64. 兵六进一

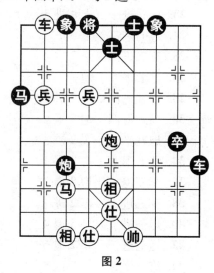

图2

第61局　谢岿胜卜凤波

（2002年嘉周杯全国象棋团体赛弈于济南）

1. 兵七进一 象3进5	2. 马八进七 卒7进1

3. 炮八平九　马2进3

4. 车九平八　车1平2

5. 炮二平六　马8进7

6. 马二进三　马7进6

7. 相三进五　炮2进4

8. 车一平二　炮8平6

9. 车二进六　士4进5

10. 车二平四　马6进7

11. 马七进六　炮2进1?

12. 炮六进一　马7进9

13. 相五退三！（图1）马9进7

14. 车四退五　马7进9

15. 车四平一　卒7进1

16. 车一退一　车9进1

17. 马三退五　士5退4

18. 马五进七　车9平2

19. 相三进五　卒7平6

20. 车一平二　炮2退1

21. 仕六进五　炮6平7

22. 炮六平七　前车进3

23. 兵一进一　士4进5

24. 炮七进三　卒6进1

25. 车二进四　炮7进4

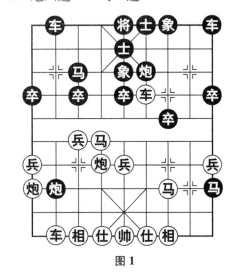

图 1

26. 炮七平一　炮2平3

27. 车八进五　车2进4

28. 炮九进四　炮3进3

29. 车二平三　炮3退1

30. 马六退四　炮7平8

31. 车三平二　炮8平7

32. 炮九平七　车2进3

33. 车二平三　炮7平8

34. 仕五退六　炮3平1

35. 车三退三　炮8进3

36. 车三退一　炮8退3

37. 相五退七　炮1进1

38. 车三进七　车2进1

39. 车三平二　炮8平7

40. 炮一进三　马3退4

41. 仕四进五　马4进2

42. 炮七进一　车2退6

43. 车二平五　炮7平9

44. 炮一平二　马2退4

45. 车五平三　车2平3

46. 车三进二　车3平8

47. 帅五平四　炮9平7

48. 马四进五！车8平6

49. 仕五进四　车6平8

50. 马五进七　炮7平6

51. 帅四平五　马4进3

52. 前马进五　炮6退4

53. 兵七进一！（图2）士5进4

54. 兵七进一　马3进1

55. 兵七平八　将5进1

56. 兵八平九　将5进1

57. 车三退三　将5退1

58. 车三进二	将 5 进 1	59. 马七进六	炮 6 进 1
60. 前兵平八	车 8 进 7	61. 帅五进一	车 8 退 1
62. 帅五退一	车 8 进 1	63. 帅五进一	炮 6 平 2
64. 马六进四	将 5 平 6	65. 炮二退五	

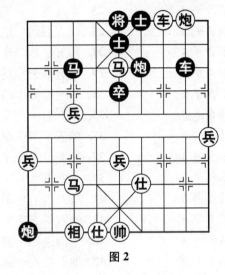

图 2

第 62 局　王天一负庄玉庭

（2011 年首届周庄杯海峡两岸象棋大师公开赛弈于昆山）

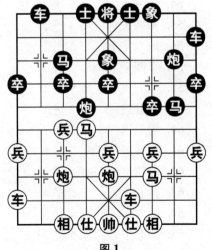

图 1

1. 兵七进一　象 3 进 5
2. 马八进七　卒 7 进 1
3. 炮二平五　马 8 进 7
4. 马二进三　炮 2 进 2
5. 马七进六　炮 2 平 4
6. 车一进一　车 9 进 1
7. 车一平四　马 2 进 3
8. 炮八平七　车 1 平 2
9. 车九进一　马 7 进 8?（图 1）
10. 车四进六　车 9 平 8
11. 兵七进一　士 6 进 5
12. 车四退二　卒 3 进 1
13. 炮七进五　炮 8 平 3

14. 车四平六	炮 3 进 7	15. 仕六进五	卒 3 进 1
16. 马六进四	炮 3 退 2	17. 炮五进四	车 2 进 9
18. 仕五退六	炮 3 进 2	19. 仕六进五	炮 3 退 3
20. 仕五退六	车 8 进 2	21. 炮五退二	炮 3 进 3
22. 仕六进五	卒 3 平 4	23. 车六退一	车 8 平 6
24. 马四进六	炮 3 平 6	25. 仕五退六	炮 6 平 4!
26. 车六退四	车 2 平 4	27. 帅五平六	车 6 平 4
28. 车九平六	车 4 平 5	29. 炮五平七？	马 8 进 7
30. 车六进三	车 5 平 2	31. 马三退五	马 7 进 6
32. 帅六平五	马 6 退 5	33. 车六退一	马 5 退 7
34. 相三进五	马 7 进 6	35. 帅五平六	车 2 平 5
36. 车六退一	车 5 进 3	37. 马五退七	车 5 平 9
38. 马七进八	车 9 平 2	39. 车六进六	士 5 进 4
40. 车六平四	马 6 退 5	41. 马八退七	车 2 平 1
42. 车四退四	车 1 平 4	43. 帅六平五	车 4 平 5
44. 帅五进一	马 5 进 3	45. 车四退二	卒 7 进 1
46. 马七进八	卒 7 平 6	47. 炮七平八	卒 6 进 1
48. 车四平三	车 5 退 3	49. 马八进七	士 4 进 5
50. 炮八退一	马 3 退 5	51. 车三进二	卒 6 进 1
52. 车三平四	马 5 退 4! (图 2)		
53. 马七进八	卒 6 平 5		
54. 帅五平四	卒 5 进 1		
55. 帅四进一	马 4 进 5		
56. 炮八平五	车 5 平 2		
57. 车四平五	车 2 进 3		
58. 车五进二	卒 9 进 1		
59. 炮五进一	车 2 进 1		
60. 炮五退二	车 2 退 2		
61. 炮五进三	车 2 平 6		
62. 帅四平五	卒 5 平 4		
63. 帅五平六	车 6 平 4		
64. 帅六平五	车 4 平 5		
65. 帅五平六	象 5 进 3!		

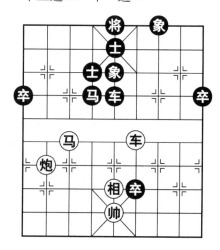

图 2

第 63 局　张学潮胜刘宗泽

（2011 年第一届武汉市江城浪子杯全国象棋公开赛）

1. 兵七进一　象 3 进 5	2. 马八进七　卒 7 进 1
3. 炮八平九　马 2 进 3	4. 车九平八　车 1 平 2
5. 炮二平六　马 8 进 7	6. 马二进三　车 9 进 1
7. 马七进六　马 7 进 8	8. 车八进六　炮 2 平 1
9. 车八进三　马 3 退 2	
10. 炮九进四　马 2 进 3	
11. 炮九退一　马 8 进 7	
12. 车一平二　炮 8 平 7	
13. 车二进七　马 7 退 6？（图 1）	

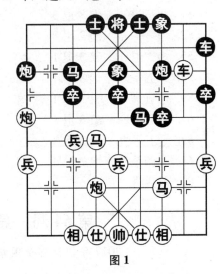

图 1

14. 马六进四　炮 7 进 5	
15. 炮九平三　车 9 平 6	
16. 马四进六　车 6 平 7	
17. 炮三平八　车 7 平 2	
18. 车二平三！炮 7 平 6	
19. 炮八平二　车 2 平 8	
20. 炮二平三　炮 1 进 1	
21. 炮三进四！象 5 退 7	
22. 车三平七　炮 1 平 4	
23. 车七平六！炮 4 进 6	
24. 帅五平六　车 8 进 5	
25. 炮六平五　士 6 进 5	
26. 车六退一　车 8 平 5	
27. 炮五进四　士 5 进 4	
28. 炮五平七　卒 9 进 1	
29. 车六退四　炮 6 退 6	
30. 车六平五！（图 2）车 5 进 1	
31. 相七进五　炮 6 平 4	
32. 帅六平五　象 7 进 5	
33. 兵九进一　炮 4 平 9	
34. 炮七平一　将 5 平 6	

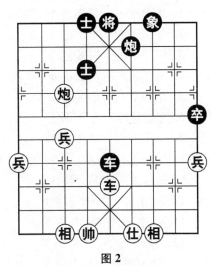

图 2

35. 兵九进一	士4进5	**36.** 兵九平八	士5退4
37. 兵八进一	士4进5	**38.** 仕四进五	士5进6
39. 兵八平七	炮9平4	**40.** 仕五进四	炮4平6
41. 仕四退五	炮6平4	**42.** 炮一进一	士6退5
43. 炮一平二	士5进6	**44.** 炮二进一	炮4平7
45. 前兵平六	士6退5	**46.** 兵七进一	炮7退1
47. 炮二进一	炮7进1	**48.** 兵七平六	炮7平9
49. 炮二平一	炮9平8	**50.** 后兵平五	炮8进8
51. 相三进一	炮8退3	**52.** 兵五平四	炮8平2
53. 炮一平二	炮2平8	**54.** 兵六平五	象5进3
55. 炮二退四	象3退1	**56.** 炮二退一	象1进3
57. 兵五平六	炮8平1	**58.** 炮二平五	炮1退2
59. 炮五进一	象3退1	**60.** 炮五退一	象1进3
61. 炮五进一	象3退1	**62.** 炮五退一	炮1平2
63. 炮五平九	炮2退3	**64.** 炮九进一	象1进3
65. 兵四平五	炮2平4	**66.** 兵五平六	将6进1
67. 前兵进一！			

第64局　聂铁文胜郑一泓

(2012年伊泰杯全国象棋甲级联赛弈于哈尔滨)

1. 兵七进一	象3进5
2. 马八进七	卒7进1
3. 炮二平五	马8进7
4. 马二进三	马2进4
5. 车一平二	炮8进2
6. 车二进四	车1平3
7. 马七进六	卒3进1
8. 兵七进一	炮2进3？（图1）
9. 马六进七	马4进3
10. 兵七进一	炮2进1
11. 兵七平六	车9进1
12. 炮八平六	车9平3？
13. 炮五进四	马7进5

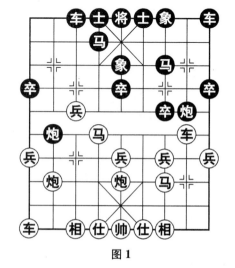

图1

14. 兵六平五　炮8退3
15. 车九平八　炮2平7
16. 相三进五　炮8平5
17. 前兵进一　象7进5
18. 兵九进一　前车平4
19. 仕四进五　车3进3
20. 车八进七　象5退7
21. 车二平四　炮5进1
22. 车八退二　车3平7
23. 炮六平七　车4平3
24. 炮七进二　士6进5
25. 兵五进一　炮7平5
26. 马三进五　炮5进4
27. 帅五平四　车3进2
28. 兵五进一　卒7进1
29. 相五进三　车7平6
30. 兵五平四　车6平8
31. 车八平五！炮5平2
32. 兵四平三　车8平6
33. 兵三平四　车6平8
34. 兵四平三　车8平6
35. 兵三平四　车6平8
36. 相三退五　炮2退1
37. 车四退一　炮2退3
38. 帅四平五　炮2平6
39. 兵四平三　将5平6
40. 炮七平八　车3平2
41. 炮八平三　象7进9
42. 炮三平七　车2平3
43. 兵三平二　车8平7
44. 炮七平八　车3平2
45. 炮八平七　车2平3
46. 兵一进一　车7平6
47. 车四进三　车3平6
48. 炮七进五　将6进1
49. 车五退一　炮6平1
50. 炮七退七　将6退1
51. 相五退三　炮1平6
52. 仕五进六　炮6平3
53. 仕六进五　士5进4
54. 炮七平九　士4进5
55. 车五平七　炮3平2
56. 车七平八　炮2平3
57. 车八进五　将6进1
58. 车八平九！（图2）车6平3
59. 相七进五　炮3退2
60. 车九退三　车3平1
61. 炮九进四　炮3平9
62. 炮九进三　象9进7
63. 兵二平三　炮9进5
64. 兵三平二　炮9进4
65. 仕五退四　炮9平6
66. 兵九进一　炮6退2
67. 相五退七　炮6退4
68. 炮九退三

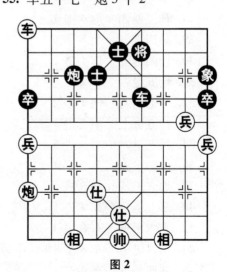

图2

第65局　武俊强负许银川

（2012年磐安伟业杯全国象棋个人赛）

1. 兵七进一	象3进5	2. 马八进七	马8进7
3. 相三进五	马2进4	4. 马二进四	车1平3
5. 兵三进一	卒3进1	6. 兵七进一	车3进4
7. 马七进六	炮8进3	8. 马六退八	车3平6
9. 车九进一	车9进1	10. 车九平七	炮8进1
11. 马八退六	车9平6	12. 车一进一	卒7进1
13. 兵三进一	前车平7	14. 车七进七	炮8退5
15. 车七退一	炮8进1	16. 车七进一	炮8退1
17. 车七退一	炮8进1	18. 车七进一	炮8退1
19. 车七退一	炮8进1	20. 车七平六	车7平2

21. 马六进七？（图1）马7进6

22. 车六退四　马4进3

23. 炮八进五　炮8平2

24. 兵五进一　马6进4

25. 马四进三　炮2平4

26. 车六平五　炮4进7！

27. 车一平四　车6进7

28. 马三退四　炮4退

29. 马四进三　炮4平1

30. 仕四进五　炮1进1

31. 仕五退六　车2平3

32. 马七退八　炮1平2

33. 相五进七　卒5进1

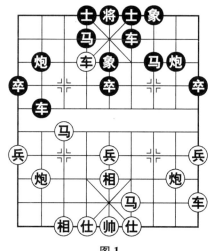

图1

34. 兵五进一	马3进5	35. 车五进一	马4退3
36. 炮二平五？	车3平4	37. 马三退四	士4进5
38. 炮五进三	马3进5	39. 相七退五	马5退6
40. 车五退一	车4进1	41. 车五平六	车4平8
42. 车六平五	车8进3	43. 帅五平四	马6进7
44. 马八进七	车8平9！（图2）	45. 马四进六	车9平4
46. 帅四平五	车4进1	47. 帅五进一	车4平8

48. 相七进九	炮2退8
49. 车五平八	炮2平4
50. 马七进五	车8退1
51. 帅五退一	马7进8
52. 车八平四	马8进7
53. 车四退二	车8进1
54. 帅五进一	车8平1!
55. 马六进八	马7退8
56. 车四进二	马8进9
57. 相五退七	车1平2
58. 马八退六	车2退5
59. 马六进七	马9退7
60. 帅五退一	车2进4

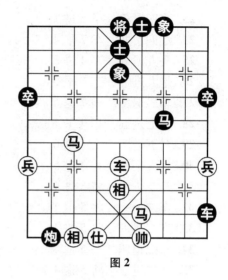

图2

61. 车四退一	马7退9	62. 车四平六	炮4退1
63. 马七退五	车2退5	64. 后马进三	马9退7
65. 马五退三	车2平5	66. 帅五平四	炮4进2
67. 相九进七	炮4平1	68. 车六进一	象5进7
69. 车六进二	象7进9	70. 相七进五	炮1进4
71. 帅四平五	炮1平8		

第66局　张强负胡庆阳

（2004年将军杯全国象棋甲级联赛弈于北京）

1. 兵七进一	象3进5	2. 马八进七	卒7进1
3. 炮八平九	马2进3	4. 车九平八	车1平2
5. 炮二平六	马8进7	6. 马二进三	马7进8
7. 车八进六	车9进1	8. 马七进六	炮2平1
9. 车八进三	马3退2	10. 炮九进四	马2进3
11. 炮九退一	马8进7	12. 车一平二	炮8平7
13. 马六进七	炮1进4	14. 车二进七	车9平7
15. 仕四进五	士4进5	16. 炮九进二	士5进6
17. 兵七进一	象5进3	18. 炮九平四	士6进5
19. 炮四退一	炮7平6	20. 马七退九?（图1）卒7进1
21. 车二退二	象7进5	22. 炮六进四	车7进2?

23. 炮四退三　卒 5 进 1

24. 炮四平九　车 7 平 4

25. 马九退七　车 4 进 3

26. 炮九进一　卒 7 平 6

27. 车二退二　马 7 退 6

28. 马七进五　车 4 平 1

29. 马五进四　士 5 进 6

30. 炮九平七　马 3 进 5

31. 车二进六　将 5 进 1

32. 车二退一　将 5 退 1

33. 车二进一　将 5 进 1

34. 车二退四　马 5 退 7?

35. 车二进三　将 5 退 1

36. 马三进四　车 1 平 5

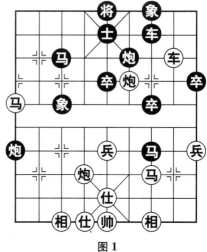

图 1

38. 相七进五　车 5 平 4

40. 炮七平四　马 6 进 4

42. 车二平三　将 5 平 4

44. 炮四平八　马 6 退 5

46. 炮八平三　马 7 进 6!

47. 车二进三　将 4 进 1

48. 炮三进四　士 5 进 6

49. 马四进二　马 4 进 3

50. 帅五平四!　马 6 退 7!（图 2）

51. 仕五进四　车 4 进 6

52. 帅四进一　马 3 退 5

53. 车二平八　车 4 退 6

54. 车八退一　将 4 退 1

55. 车八进一　将 4 进 1

56. 车八退一　将 4 退 1

57. 马二进一　车 4 平 8!

58. 车八进一　将 4 进 1

59. 车八退一　将 4 退 1

61. 车八退一　将 4 退 1

63. 帅四平五　马 5 进 3

37. 马四进六　车 5 退 1

39. 马六进四　车 4 退 2

41. 车二退二?　马 4 进 6

43. 兵一进一　士 6 退 5

45. 车三平二　马 5 进 4

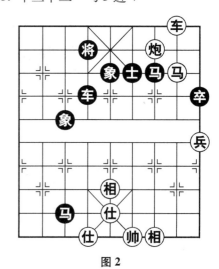

图 2

60. 车八进一　将 4 进 1

62. 车八进一　将 4 进 1

64. 车八退一　将 4 退 1

65. 车八进一　将 4 进 1　**66.** 车八退一　将 4 退 1

67. 车八进一　将 4 进 1　**68.** 帅五平四　马 7 进 6

69. 车八退一　将 4 退 1　**70.** 车八进一　将 4 进 1

71. 车八退一　将 4 退 1　**72.** 炮三退七　马 6 进 7

73. 帅四退一　车 8 进 6

第 67 局　李来群负柳大华

（1988 年全国象棋团体赛弈于孝感）

1. 兵七进一　象 3 进 5　**2.** 马八进七　卒 7 进 1

3. 炮八平九　马 2 进 3　**4.** 车九平八　车 1 平 2

5. 炮二平六　马 8 进 7　**6.** 马二进三　车 9 进 1

7. 车一平二　炮 8 平 9　**8.** 车二进四　炮 2 进 4

9. 相三进五　车 9 平 2

10. 马七进六？（图 1）炮 2 退 1

11. 车二进三　炮 2 平 4

12. 车八进八　车 2 进 1

13. 车二平三　炮 4 进 1

14. 兵九进一　车 2 进 3

15. 炮九平七　炮 4 平 7

16. 车三平二　士 4 进 5

17. 仕四进五　卒 9 进 1

18. 炮六进二　马 3 退 1

19. 炮七进四　车 2 退 1

20. 炮七进二　卒 5 进 1

21. 炮六退二　车 2 平 7

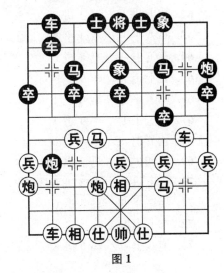

图 1

22. 车二退三　马 1 进 2　**23.** 炮六平七　马 2 进 1

24. 车二平六　车 7 平 5　**25.** 车六进一　马 1 退 2

26. 前炮退二　马 2 退 1　**27.** 车六退一　马 1 退 3

28. 前炮进二　卒 1 进 1　**29.** 车六进一　卒 1 进 1

30. 车六平八　士 5 退 4　**31.** 兵七进一　象 5 进 3？

32. 车八平七　象 7 进 5　**33.** 车七退一　卒 1 进 1

34. 前炮平八　车 5 平 2　**35.** 炮八平一　马 3 进 4

36. 炮一退三　车 2 平 5　**37.** 兵一进一　卒 1 平 2

38. 炮一平二　卒2进1
39. 炮七平六　士6进5
40. 兵一进一　炮9平8
41. 炮二退五　马4进2
42. 车七平二　炮8进7
43. 马三退二　卒2平3
44. 炮六进六　炮7平6
45. 马二进三　炮6退6
46. 炮六平八　卒3进1
47. 兵一平二　马2退4
48. 炮八进一　象5退3
49. 兵二平三　车5平2
50. 炮八平九　卒3平4
51. 车二平六　车2平1
52. 炮九平八　马4退2
53. 车六平八　马2进3
54. 车八平一　马3退2
55. 车一平八　马2进3
56. 车八平二　马3退2
57. 车二平八　马2进3
58. 车八平四　马3退2
59. 车四平八　马2进3
60. 车八退三　炮6进8
61. 车八进四?　炮6退6
62. 相五进七　马3进4
63. 车八平五　车1平9!（图2）
64. 车五退一　马4进3
65. 相七退五　车9平4
66. 帅五平四　炮6退1
67. 车五平七　卒4进1
68. 仕五退六　车4进6
69. 帅四进一　马3退4
70. 车七进五　士5进6
71. 兵三平四　马4退6
72. 车七退四　将5进1
73. 炮八退一?　马6进8

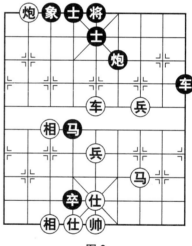

图2

74. 炮八平四　马8进7

第68局　苗利明胜赵金成

（2010年红安源杯全国象棋团体赛弈于萍乡）

1. 兵七进一　象3进5
2. 马八进七　卒7进1
3. 炮八平九　马2进3
4. 车九平八　车1平2
5. 炮二进四　马8进7
6. 马二进三　马7进8
7. 车一进一　车9进1
8. 车一平四　车9平7
9. 车四进六!　炮8平7
10. 炮二平三　车7平8

11. 车八进六　士6进5
12. 车四退六　卒5进1
13. 炮九进四　马8退9
14. 炮三平六　车8进6?
15. 马三退五　车8平4
16. 车四进五　卒9进1
17. 炮九退二　车4退3
18. 车八平七　炮2进4
19. 兵七进一　车4进4
20. 兵七平八　车2进4
21. 炮九平六　车2平4?
22. 后炮平七！（图1）后车平2
23. 炮七进三　炮7平3
24. 车七进一　车2退1
25. 车七退四　炮2平5
26. 车七平五　车2平4
27. 车四平六　车4退5
28. 车五进二　马9进8
29. 兵三进一　马8进9
30. 兵三进一　马9退7
31. 车五退三　车4平7
32. 马五进三　马7进6
33. 帅五进一　马6进7
34. 马七进五　车6平1

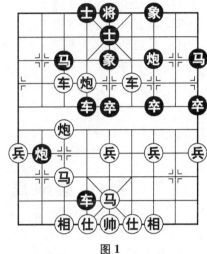

图1

35. 兵三平二　车1进3
36. 兵二平一　马7退9
37. 马三退一　车1进2
38. 帅五退一　车1平9
39. 马五进三　车9平6
40. 车五进四　象5进7
41. 兵一平二　车6退4
42. 相七进五　将5平6
43. 仕四进五　象7退9
44. 马三进二　车6退3
45. 兵二平三　车6平8
46. 兵三进一　车8进1
47. 车五退一　将6平5
48. 马二退三　车8平5
49. 车五平四　车5平6
50. 马三进四　将5平6
51. 车四平二　将6平5
52. 马四退五　车6平4
53. 车二平八　车4平5
54. 马五进六　车5平4
55. 马六退七　车4平6
56. 车八退二　车6平5
57. 车八平三　车5平3
58. 马七进六　车3平4
59. 马六退四　士5退6
60. 兵三进一　士4进5
61. 车三进三　象7进5
62. 兵三进一　象5退3
63. 车三平七　象3进1
64. 马四进二　将5平4
65. 相五退七　车4平7

66. 兵三平四　象9退7
67. 车七平六　车7平4
68. 车六平三　象7进9
69. 马二进三　象1退3
70. 车三平七　象3进1
71. 车七平五　象1进3
72. 车五退一　象3退1
73. 兵四平五　士6进5
74. 车五进三　车4平6
75. 仕五进六!（图2）

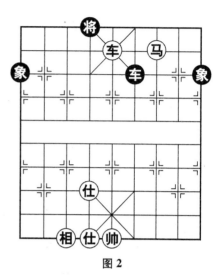

图2

第69局　张江胜曹岩磊

（2007年七斗星杯全国象棋甲级联赛弈于石家庄）

1. 兵七进一	象3进5	2. 马八进七	卒7进1
3. 炮二平六	马8进7	4. 马二进三	车9平8
5. 炮八平九	马2进3	6. 车九平八	车1平2
7. 车一平二	炮8进4	8. 车八进六	士4进5？
9. 炮九进四	炮2平1		
10. 车八进三	马3退2		
11. 车二进一!（图1）马2进3			
12. 炮九退二	卒3进1？		
13. 兵七进一	象5进3		
14. 马七进六	象7进5		
15. 车二平八	炮8退1		
16. 马六进七	马7进6		
17. 马七进九	象3退1		
18. 车八进六	马3进4		
19. 车八平九	马4进6		
20. 车九退二	炮8平1		
21. 车九平四	马6进7		

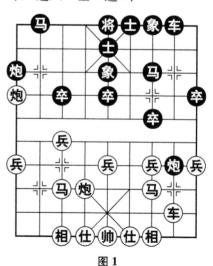

图1

22. 车四退三 马7退9	23. 兵九进一 卒7进1?
24. 车四进四 卒5进1	25. 车四平一 马9进8
26. 仕六进五 马8退7	27. 车一平五 车8进4
28. 车五进一 卒7平6	29. 车五平七 卒5进1
30. 兵五进一 马7退5	31. 炮六平一 将5平4
32. 车七进二 将4进1	33. 车七退五 车8平3
34. 车七平六 士5进4	35. 相三进五 车3平9
36. 炮一平三 车9平7	37. 炮三平一 车7平9
38. 炮一平三 车9平7	39. 炮三平一 士6进5
40. 车六平八 车7平9	41. 炮一平三 车9平7
42. 炮三平一 车7平8	43. 炮一进四 士5进6
44. 车八平六 车8平9	45. 炮一平二 车9平8
46. 炮二平一 车8平7	47. 炮一进二 车7平9
48. 炮一平四! 车9进1	49. 兵九进一 将4平5
50. 炮四平三 车9退1	51. 兵九进一 车9退1
52. 兵九进一 车9平4	53. 车六平七 车4平7
54. 炮三平一 车7平9	55. 兵九平八 将5平6
56. 炮一平三 车9平7	
57. 炮三平一 车7进1	
58. 车七平六 士4退5	
59. 兵八进一 车7平3	
60. 炮一退七 将6退1	
61. 炮一平四 将6平5	

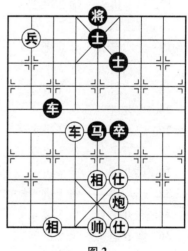

图2

62. 仕五进四! (图2) 马5进6	
63. 车六平四 马6退8	
64. 车四平二 马8进7	
65. 车二进五 士5退6	
66. 车二平四 将5进1	
67. 仕四进五 车3平6	
68. 帅五平四 车6进2	
69. 兵八平七 马7退9	70. 炮四进一 马9退7
71. 帅四平五 车6平3	72. 车四退一 将5进1
73. 炮四平二 马7退8	74. 车四平二 马8进6
75. 车二退四 车3平6	76. 炮二平四

第70局　李鸿嘉胜蔡佑广

（2012年顺德区乐从镇会长杯象棋公开赛）

1. 兵七进一　象3进5　　　**2.** 马八进七　卒7进1

3. 炮二平六　车9进1　　　**4.** 马二进三　车9平4

5. 车一平二　马8进9　　　**6.** 车二进四　车4进5

7. 马三退五　车4平2

8. 车九平八！（图1）马2进4

9. 炮八进五　车2进3

10. 马七退八　炮8平2

11. 马八进七　马4进6

12. 马七进六　马6进5？

13. 相三进五　士4进5

14. 马五进七　车1平3

15. 兵五进一　马5退7

16. 马六进五　炮2进1

17. 马七进六　炮2进2

18. 车二退三？马7退6

19. 仕四进五　马6进5

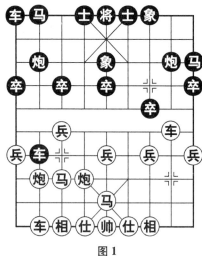

图1

20. 马六进五　炮2平5　　　**21.** 车二进三　炮5进1

22. 兵一进一　车3平2　　　**23.** 车二平五　车2进6

24. 兵九进一　炮5退3　　　**25.** 车五进二　车2平7

26. 炮六平九　卒7进1　　　**27.** 炮九进四　卒7平8

28. 车五平七　卒8平9　　　**29.** 车七平八　士5进6

30. 兵九进一　后卒进1　　　**31.** 仕五进六　马9进8

32. 车八进三　将5进1　　　**33.** 车八退一　将5退1

34. 炮九平五　将5平4　　　**35.** 车八退三　车7退2？

36. 炮五退一！象5进3　　　**37.** 车八平七　马8进7

38. 仕六进五　车7平8　　　**39.** 车七进四　将4进1

40. 车七退一　将4退1　　　**41.** 炮五平八　马7进9

42. 车七进一　将4进1　　　**43.** 车七退一　将4退1

44. 车七平三　象7进5　　　**45.** 车三退六　马9退8

46. 车三进一　士6进5　　　**47.** 相五进三　前卒进1？

48. 车三平一 马8进7	49. 车一平六 将4平5
50. 仕五退四 卒9进1	51. 相七进五 马7进9
52. 相三退一 车8平5	53. 炮八退三 车5平1
54. 仕六退五 车1进5	55. 仕五退六 车1退2
56. 车六平八 马9退7	57. 相五退七 车1退3
58. 炮八平五 车1平5	59. 车八平三 马7退9
60. 兵七进一 将5平4	61. 车三平六 将4平5
62. 车六平二 士5退6	63. 兵七进一 士6退5
64. 兵七进一 车5平4	
65. 兵七进一 车4平5	
66. 仕四进五 士5退4	
67. 兵七平六 士6进5	
68. 车二进六 士5退6	
69. 车二退二 士6进5	
70. 炮五进五 将5平6	
71. 炮五平七 车5平4	
72. 车二进一！（图2）车4平3	
73. 炮七进一 将6平5	
74. 车二退五 车3退2	
75. 炮七平九 车3平1	
76. 炮九平八 车1平2	
77. 炮八平九	

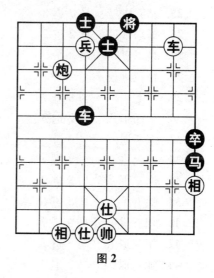

图 2

第71局 蒋川胜庄玉庭

（2011年珠晖杯象棋大师邀请赛弈于衡阳）

1. 兵七进一 象3进5	2. 马八进七 卒7进1
3. 炮八平九 马2进3	4. 车九平八 车1平2
5. 炮二平六 马8进7	6. 马二进三 马7进6
7. 车一平二 炮8平7	8. 车二进四 炮2进4
9. 车二平四 车2进4	10. 炮六平四 炮7平6
11. 车四平二 炮6平7	12. 兵三进一 卒7进1
13. 车二平三 炮7进5	14. 车三退二 车9进1
15. 车三进二 车9平2	16. 车三平四 马6退7

17. 马七进六　炮2退1？（图1）

18. 相七进五　炮2平4

19. 车八进五　车2进3

20. 车四平六　卒3进1

21. 车六进三　马3退1

22. 车六进一　马1退3

23. 车六退三　士4进5

24. 炮四平三　马3进2

25. 相五进三！马7退8

26. 车六平四　车2进2

27. 兵七进一　车2平5

28. 相三进五　车5平7

29. 兵七平八　马8进7

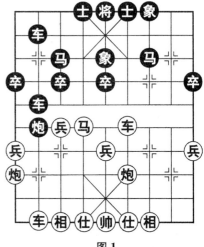

图1

30. 车四平六　马2退3

31. 兵九进一　马3进4

32. 炮三退二　马4进5

33. 炮九进四　马7进8

34. 仕六进五　车7平4

35. 车六退二　马5进4

36. 炮三平一　马8进9

37. 炮一进六　马4退5

38. 帅五平六　马5进6

39. 相三退一　马6退4

40. 相五进七　马9进7

41. 相一进三　马7退5

42. 相三退五　马5进3

43. 帅六进一　马3进2

44. 帅六退一　马2退3

45. 帅六进一　马3退5

46. 兵九进一　马5退4

47. 帅六退一　前马进3

48. 帅六平五　马4进6

49. 仕五进六　马6进8

50. 仕四进五　马8退7

51. 炮一退三　马7退8

52. 兵八进一　马3退4

53. 兵九平八　卒5进1

54. 前兵进一　卒5进1

55. 炮九退二！士5退4

56. 后兵进一　士4进5

57. 前兵平七　马8进7

58. 帅五平四　马7退8

59. 兵七进一　马8退7

60. 炮一平八　士5进6

61. 炮九进五　士6进5

62. 兵八平九！（图2）士5进4

63. 兵七平六　将5平6

64. 炮八进六　将6进1

65. 炮九平三　马4退3

66. 兵六平七　卒5进1

67. 兵九平八　马3进5

68. 炮三平五　将6平5

69. 炮五平六　将5平6

70. 兵七平六　士4退5

71. 炮六平五　马5退7

72. 兵八平七　前马进6
73. 炮八退一　卒5平4
74. 兵七平六　马7进8
75. 炮五退二！马8进7
76. 帅四进一　马7退6
77. 炮五退二　前马进8
78. 帅四退一　将6退1
79. 炮八进一　士5进4
80. 后兵进一

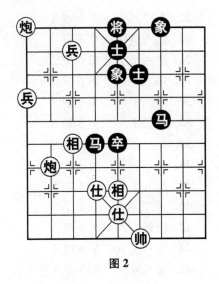

图2

第72局　汤卓光胜蒋川

（2002年宜春全国象棋个人赛）

1. 兵七进一　象3进5		2. 马八进七　卒7进1
3. 炮八平九　马8进7		4. 车九平八　马2进4
5. 马二进一　卒3进1		6. 兵七进一　车1平3
7. 相七进五　车3进4		8. 车一进一　马7进8

9. 炮二平四　车9进1
10. 车一平六　车9平6
11. 仕六进五　炮2平3
12. 车八进二　车3进2？（图1）
13. 炮九退二　炮3进5
14. 炮四平七　马4进2
15. 炮九平七　车3平5
16. 前炮进五！炮8平3
17. 车八进五　炮3进2
18. 车八平五　士6进5
19. 车五平二　马8进7
20. 马一进三　车5平7
21. 车六进四　炮3进4

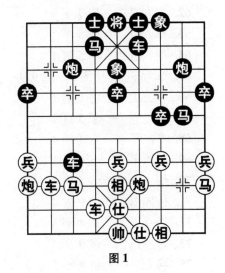

图1

22. 车二平三　车6退1　　　23. 炮七平六　车7平3？

24. 炮六进四　卒7进1　　　25. 车三退三　象7进5

26. 炮六平五　车6进2　　　27. 帅五平六　将5平6

28. 车六平二　将6平5　　　29. 车三进二　车3平4

30. 帅六平五　车4退3　　　31. 车二进一　炮3退5

32. 车二平一　士5退6　　　33. 车三退三　车6进3

34. 车一退二　车6平9　　　35. 兵一进一　车4进2

36. 车三平五　炮3进1　　　37. 兵一进一　将5进1

38. 炮五平三　炮3平5　　　39. 兵一平二　卒1进1

40. 兵二进一　车4平2　　　41. 兵二平三　车2进4

42. 仕五退六　车2退3　　　43. 车五进一　车2平6

44. 仕六进五　车6退2　　　45. 车五退一　车6进1

46. 炮三退二　将5退1　　　47. 炮三平一　车6平9

48. 兵三平四　车9退2　　　49. 兵四进一　士6进5

50. 兵四进一　车9退2　　　51. 车五平四　炮5平3

52. 相五进七　炮3退3　　　53. 兵四平五　士4进5

54. 车四进二　车9进5　　　55. 车四平九　炮3进3

56. 车九进四　士5退4　　　57. 车九退三　炮3平5

58. 仕五进四　车9平5　　　59. 帅五平六　炮5平7

60. 兵九进一　炮7退3

61. 车九进一　将5进1

62. 车九平六　炮7平9

63. 车六进二　车5平1

64. 炮一进二　卒5进1

65. 车六平二！（图2）炮9进1

66. 车二退一　将5退1

67. 车二退一　象5进7

68. 车二平三　车1平4

69. 帅六平五　车4退1

70. 炮一退二　将5平4

71. 仕四退五　炮9进4

72. 炮一平六　车4平3

73. 车三退二　炮9平5　　　74. 帅五平六　卒5进1

75. 兵九进一　将4平5　　　76. 兵九平八　车3平4

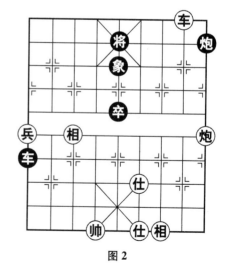

图2

77. 兵八进一　炮5平8　　78. 兵八平七　车4平3

79. 兵七平六　卒5平4　　80. 兵六平五　卒4进1

81. 炮六平五　卒4平5　　82. 车三进四

第73局　李来群胜柳大华

（1988年第八届五羊杯全国象棋冠军邀请赛弈于广州）

1. 兵七进一　象3进5　　2. 马八进七　卒7进1

3. 炮八平九　马2进3　　4. 车九平八　车1平2

5. 炮二平六　马8进7　　6. 马二进三　马7进8

7. 车八进六　车9进1　　8. 马七进六　炮2平1

9. 车八进三　马3退2　　10. 炮九进四　马2进3

11. 炮九退一　马8进7　　12. 车一平二　炮8平7

13. 车二进七　炮7进1　　14. 仕四进五　车9平6

15. 车二退一　马7退6?（图1）

16. 马六进五!　马3进5

17. 车二平三　马6进4

18. 兵五进一?　卒3进1

19. 兵五进一　炮1进1

20. 车三进三　马4进6

21. 炮六平四　马6进4!

22. 仕五进六　车6进6

23. 车三平一　车6平7

24. 兵五进一　车7进2

25. 帅五进一　车7退1

26. 帅五退一　车7进1

27. 帅五进一　车7退3

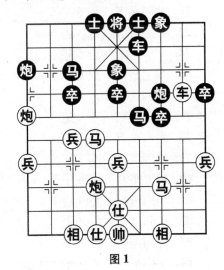

图1

28. 兵五进一　车7平5　　29. 帅五平四　车5平6

30. 帅四平五　车6平5　　31. 帅五平四　车5平6

32. 帅四平五　卒3进1　　33. 相七进五　车6平5

34. 帅五平四　车5平6　　35. 帅四平五　车6平5

36. 帅五平四　车5平6　　37. 帅四平五　车6平5

38. 帅五平四　车5退4　　39. 车一平四　将5进1

40. 相五进七　车5进2　　41. 炮九退一　炮1进3

42. 兵一进一　车5平1　　　43. 炮九平八　车1平2

44. 炮八平九　车2进1　　　45. 车四退一　将5退1

46. 炮九进五　士4进5　　　47. 车四平三　车2平3

48. 车三退三　车3平6　　　49. 帅四平五　车6平5

50. 帅五平四　士5进4　　　51. 仕六进五　车5平9

52. 车三平五　将5平4　　　53. 炮九退三　炮1进2

54. 仕五进四　车9平4　　　55. 车五退三　卒9进1

56. 帅四退一　卒9进1　　　57. 仕六退五　将4进1

58. 炮九退四　车4平2　　　59. 炮九平六　士4退5

60. 炮六退二　炮1进1　　　61. 帅四进一　炮1退1

62. 帅四退一　炮1进1　　　63. 帅四进一　炮1退7

64. 车五进五　炮1平2　　　65. 帅四退一　车2进4

66. 车五退三　将4退1　　　67. 车五平一　炮2平6

68. 帅四平五　炮6平5　　　69. 帅五平四　炮5平6

70. 帅四平五　炮6平5　　　71. 帅五平四　将4平5

72. 车一进五　士5退6　　　73. 车一退二　炮5退1

74. 车一平七　炮5平6

75. 车七平四　炮6平5

76. 车四平七　炮5平6

77. 车七平四　车2退8

78. 炮六平五　将5平4

79. 帅四进一　车2进8

80. 炮五平六　炮6平2?（图2）

81. 车四进二　将4进1

82. 车四退三　将4退1

83. 帅四退一　炮2平5

84. 车四平六　将4平5

85. 车六平五！

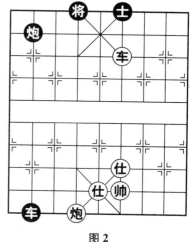

图2

第74局　吕钦胜柳大华

（1991年第十一届五羊杯全国象棋冠军邀请赛弈于广州）

1. 兵七进一　象3进5　　　2. 马八进七　卒7进1

3. 炮八平九　马2进3　　　4. 车九平八　车1平2

5. 炮二平五　马8进7

6. 马二进三　车9进1

7. 车八进六　马7进6

8. 车一平二　炮8平7

9. 车二进四　马6进7？

10. 马七进六　车9平2

11. 马六进七　士4进5

12. 车二进二　炮2平1？（图1）

13. 车八进二　车2进1

14. 马七进九　车2进1

15. 炮五进四　马3进5

16. 车二平五　车2平1

17. 车五平三　炮7平6

18. 车三平八！车1平2

19. 车八进一　炮6平2

20. 炮九进四　卒7进1

21. 炮九平八　卒7平6？

22. 炮八退二　卒6进1

23. 炮八退一　炮2进1

24. 炮八平四　炮2平7

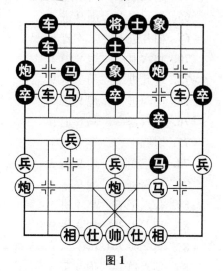

图 1

25. 马三退五　马7进8

26. 马五进七　马8退6

27. 帅五进一　马6进7

28. 炮四进三　卒9进1

29. 马七进六　马7退9

30. 马六进四　马9退7

31. 帅五平六　士5进4

32. 兵五进一　士6进5

33. 仕六进五　炮7平9

34. 炮四平五　炮9进3

35. 兵七进一　马7退6

36. 兵七平六　卒9进1

37. 炮五平四　马6进7

38. 兵九进一　卒9平8

39. 兵九进一　卒8平7

40. 兵五进一　卒7平6

41. 炮四平五　炮9平5

42. 马四退二　炮5平8

43. 马二进四　炮8平5

44. 马四进三　炮5平8

45. 兵九平八　炮8进2

46. 帅六退一　炮8进1

47. 帅六进一　炮8退1

48. 帅六退一　炮8进1

49. 帅六进一　炮8退6

50. 马三退四　炮8平9

51. 相七进九　将5平4

52. 相九进七　象5进7

53. 相七退五　象7进5

54. 炮五平二　炮9进5

55. 帅六退一　炮9进1

56. 帅六进一　马7退5

57. 马四进三　马5进3

58. 仕五进六　卒6进1

59. 马三退四　将4平5

60. 兵八进一　马3退4
61. 相五进七　炮9退5
62. 马四进三　炮9进1
63. 炮二退二　卒6平5
64. 炮二平五　马4进3
65. 马三退四　卒5平4
66. 相七退九　炮9进4
67. 炮五退二　马3退4
68. 相九进七　马4进6
69. 仕四进五　炮9退4
70. 帅六退一　炮9退1
71. 兵八平七　马6进7
72. 炮五进二　马7退9
73. 兵七进一　马9进8
74. 马四进三　炮9进5
75. 帅六进一　炮9退1
76. 帅六退一　马8退6
77. 炮五平三　卒4进1
78. 炮三退三　炮9退3
79. 兵六进一　炮9平4
80. 帅六平五　卒4进1
81. 相七退五　炮4平9
82. 兵七平六！（图2）士5进4
83. 兵六进一　炮9平5
84. 兵六进一　象5进3
85. 帅五平四　卒4平5！
86. 炮三平五　炮5进3
87. 兵六平五　将5平4
88. 马三退五

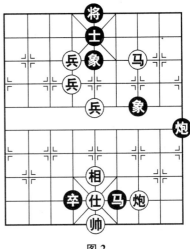

图2

第75局　汪洋胜陈富杰

（2003年千年银荔杯全国象棋甲级联赛弈于广州）

1. 兵七进一　象3进5
2. 马八进七　卒7进1
3. 炮二平六　马8进7
4. 马二进三　车9平8
5. 相三进五　炮2平4
6. 车九平八　马2进3
7. 炮八平九　车1平3
8. 车一平二　士4进5
9. 仕四进五　炮4进2
10. 兵三进一　卒7进1
11. 相五进三　卒3进1？
12. 兵七进一　象5进3
13. 相三退五　象3退5
14. 炮九退一！（图1）炮8平9
15. 车二进九　马7退8
16. 马三进四　炮4平6
17. 马四进二　炮9平6
18. 马七进六　前炮平4

19. 炮六平七　车 3 平 4
20. 车八进四　象 5 进 7
21. 马二退三　象 7 进 5
22. 仕五进四　马 8 进 7
23. 兵九进一　马 7 进 8
24. 炮七进一　卒 9 进 1
25. 炮九平二　炮 6 平 7
26. 马三进四　炮 7 平 9
27. 兵五进一!　炮 9 进 4
28. 炮七平二　马 8 退 9
29. 车八进二　炮 9 退 1
30. 车八平七　炮 9 平 4
31. 马四退六　马 3 退 2

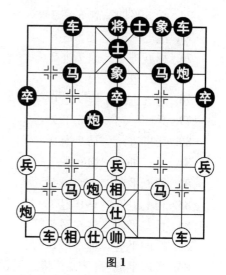

图 1

32. 马六进八　车 4 平 3
33. 车七进三　象 5 退 3
34. 后炮平八　马 2 进 1
35. 炮二平五　象 7 退 5
36. 炮五进三　卒 1 进 1?
37. 马八退七　炮 4 进 2
38. 兵九进一　马 1 进 3
39. 兵九进一　马 3 进 2
40. 马七进八　马 9 进 7
41. 炮五平八　马 2 退 4
42. 前炮进三　士 5 退 4
43. 马八进九　士 6 进 5
44. 马九进七　将 5 平 6
45. 后炮平四　士 5 进 6
46. 仕四退五　士 6 退 5
47. 仕五进四　士 5 进 6
48. 兵九平八　炮 4 进 2
49. 炮四退一　象 5 退 7
50. 仕四退五　士 6 退 5
51. 仕五进四　士 5 进 6
52. 兵八平七　马 7 退 5
53. 马七退九　马 4 进 3
54. 兵五进一　炮 4 平 3
55. 兵七平六　马 5 退 3
56. 马九进七　炮 3 退 7
57. 炮八平六!　将 6 进 1
58. 炮六退二　马 3 进 5
59. 炮六平七　炮 3 平 1
60. 炮四进一　炮 1 进 5
61. 兵五进一　炮 1 平 5
62. 仕六进五　马 5 退 7
63. 炮七退二　马 7 进 5
64. 炮七平四　将 6 平 5
65. 前炮平八　将 5 平 6
66. 炮四退一　卒 9 进 1
67. 相七进九　卒 9 平 8
68. 相九进七　卒 8 进 1
69. 炮八退一　马 5 退 7
70. 帅五平六　将 6 退 1
71. 帅六进一　炮 5 平 6
72. 炮四平七　象 3 进 5
73. 炮七进三　士 6 退 5

74. 兵五平四　炮6平7

75. 炮七平五　士5进6

76. 相五进三　炮7进2

77. 帅六退一　炮7平9

78. 炮五进二　炮9平6

79. 兵四平三　卒8平7

80. 兵三进一　马7退9

81. 兵三进一　炮6平7

82. 炮五平四　士6退5

83. 相七退五　马9退7

84. 兵三平四　将6平5

85. 炮四平五　炮7平6

86. 兵四平五!（图2）将5平6

87. 兵六进一　象5进3

88. 兵六进一　马7进5

89. 兵六进一

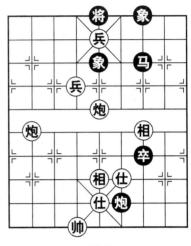

图 2

第76局　洪智胜赵金成

（2006年西乡引进杯全国象棋个人赛弈于深圳）

1. 兵七进一　象3进5	2. 马八进七　卒7进1
3. 炮八平九　马2进3	4. 车九平八　车1平2
5. 炮二平六　马8进7	6. 马二进三　马7进8
7. 车八进六　车9进1	8. 马七进六　车9平2
9. 马六进七　炮2平1	10. 车八进二　车2进1
11. 马七进九　车2进1	12. 相三进五　车2平1
13. 仕四进五　车1平2	14. 炮九进四　车2进1
15. 炮九退一　车2进1	16. 兵九进一　士4进5
17. 兵一进一　炮8平7	18. 车一平二　马8进7
19. 车二进七　炮7平6	20. 车二退四　炮6平7
21. 车二进四　炮7平6	22. 车二退三　炮6平7
23. 炮九进二!（图1）马7退6	24. 马三进四　车2进2
25. 炮九退二　车2平5	26. 兵七进一　马6进4
27. 马四进六!　马4进6	28. 马六退五　马6退8
29. 兵七进一　马3退2	30. 兵七平六　马2进3

31. 马五进七　马8进6

32. 炮六退一　马6退4

33. 炮九进四　炮7进1

34. 炮六平八　将5平4

35. 兵九进一　炮7平8

36. 炮八平六　卒5进1?

37. 马七退六!　卒5进1

38. 马六进五　将4平5

39. 相五进七　炮8进3

40. 仕五进六　马4进3

41. 马五进四　炮8平7

42. 炮六平八　将5平4

43. 炮八平一　炮7平4

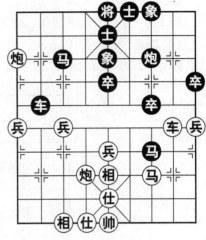

图1

44. 炮一进五　前马退4

45. 兵六平七　马3进5

46. 炮一平五　马4退5

47. 兵九平八　马5进4

48. 兵八进一　马4进6

49. 仕六进五　炮4平5

50. 帅五平四　炮5退2

51. 炮九退八　炮5平6

52. 帅四平五　士5进6

53. 相七进五　士6进5

54. 马四进二　卒7进1

55. 马二退四　卒7平6

56. 马二退四　卒7平6

57. 帅五平六　马6进8

58. 兵一平二　象7进9

59. 兵二进一　马8退9

60. 兵二进一　象5退7

61. 兵二平三　马9退7

62. 马四退六　卒6进1

63. 马六进七　将4平5

64. 炮九进八　象7进5

65. 兵七平六　炮5进1

66. 兵三进一　炮5平7

67. 兵三平二　炮7平4

68. 帅六平五　马7进8

69. 炮九退八　马8退7

70. 马七退八　炮4平8

71. 兵八平七　马7进8

72. 兵二平三　象9进7

73. 马八进九　炮8平7

74. 兵三平四　炮7平6

75. 马九进七　将5平4

76. 兵四平三　炮6平7

77. 兵三平二　炮7平4

78. 马七退九　将4平5

79. 兵七进一　炮4退1

80. 兵二平三　象5退3

81. 马九退八　象3进5

82. 兵七进一　将5平6

83. 马八退六　卒6平5

84. 马六进四　卒5平6

85. 兵六平五　象5进3

86. 马四进六　炮 4 进 1　　　　**87.** 兵五平四　炮 4 平 7

88. 兵三平二　将 6 进 1　　　　**89.** 兵七平六　象 3 退 1

90. 炮九平八　象 1 进 3　　　　**91.** 马六退五　象 3 退 5

92. 马五进六！（图 2）炮 7 进 1　　**93.** 炮八进四

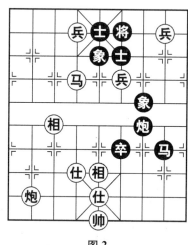

图 2

第 77 局　阎文清胜尚威

（1992 年全国象棋团体赛弈于抚州）

1. 兵七进一　象 3 进 5

2. 马八进七　卒 7 进 1

3. 炮八平九　马 2 进 3

4. 车九平八　车 1 平 2

5. 炮二平六　炮 8 平 6

6. 马二进三　马 8 进 7

7. 车一平二　车 9 进 1

8. 车二进六　炮 2 进 1

9. 车二平四　士 4 进 5

10. 炮六进六！（图 1）车 9 进 1

11. 炮六平七！马 7 进 8

12. 车八进四　车 9 平 7

13. 马七进六　卒 7 进 1

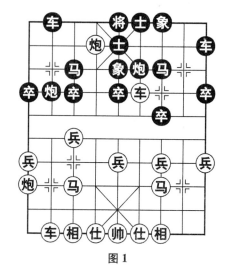

图 1

14. 车四退一　马8进6？　　15. 马三退五　卒5进1

16. 炮九平六　车7进1？　　17. 兵三进一　车7进2

18. 相三进一　车7平8　　　19. 马五进四！马6退4

20. 车八进二　马4退2　　　21. 马四进二　马2退3

22. 马六进七　车2进3　　　23. 马七退五　炮6平8

24. 炮六平五　车2平8　　　25. 马二退四　前马进5

26. 车四进三　炮8平6　　　27. 马五退三　象5进7

28. 炮五进四　车8平5　　　29. 马四进三　车5平7

30. 前马退五　马3进2　　　31. 相七进五　马2进4

32. 车四平二　炮6平5　　　33. 仕四进五　马4进6

34. 车二退二？车7平8　　　35. 马三进二　炮5平4

36. 相一进三　卒9进1　　　37. 兵九进一　马6进7

38. 马二退四　炮5平1　　　39. 兵七进一　马7退9

40. 仕五进四　卒9进1　　　41. 仕六进五　马9进7

42. 兵七进一　马7退6　　　43. 帅五平六　卒9进1

44. 兵七平八　士5进6　　　45. 马五进七　士6进5

46. 兵八平九　马6退4　　　47. 后兵进一　卒9平8

48. 后兵平八　马4进3　　　49. 兵八进一　卒8平7

50. 马七进五　卒7进1　　　51. 兵八平七　马3进1

52. 马五退四　卒7进1　　　53. 后马退六　马1退3

54. 马六退七　马3进2　　　55. 帅六平五　炮1平8

56. 兵九平八　马2退3　　　57. 马七进六　将5平4

58. 兵七平六　马3退4　　　59. 兵八平七　马4进5

60. 马四退五　炮8平4　　　61. 兵六平五　士5退6

62. 兵五平四　士6退5　　　63. 帅五平六　将4平5

64. 兵七进一　炮4退1　　　65. 马五进四　炮4退1

66. 相三退一　象7进5　　　67. 马四进二　将5平4

68. 兵四平三　炮4退3　　　69. 兵三进一　士5进4

70. 帅六平五　士4退5　　　71. 兵七进一　炮4进1

72. 帅五平六　士5进4　　　73. 兵三平四　象5进3

74. 兵四进一　士6进5　　　75. 马二退四　卒7平8

76. 马四进六　卒8平7　　　77. 兵四平五　士4退5

78. 马六进五　将4平5　　　79. 马五退三　炮4退2

80. 兵七平六　炮4平6　　　81. 帅六进一　象3退5

82. 仕五退六　卒 7 平 6

83. 相五进七　象 5 退 7

84. 仕四退五　卒 6 平 7

85. 帅六进一　卒 7 平 8

86. 马三退四　炮 6 进 1

87. 马四进二　将 5 平 6

88. 兵六平五　象 7 进 5?（图 2）

89. 马二进四　炮 6 平 7

90. 马四进二　炮 7 退 2

91. 马二退三　炮 7 进 1

92. 马三进五　卒 8 平 7

93. 马五退四　炮 7 退 1

94. 马四进三

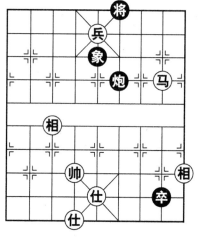

图 2

第二章 炮八平六

第 78 局 胡荣华胜傅光明

（1964 年杭州全国象棋个人赛）

1. 兵七进一　象 3 进 5
2. 炮八平六（图 1）马 8 进 7
3. 马八进七　车 9 进 1
4. 车九平八　马 2 进 4
5. 相三进五　卒 7 进 1
6. 马二进三　马 7 进 6?
7. 仕四进五　卒 3 进 1
8. 车一平四　炮 8 进 2
9. 车四进四　卒 3 进 1
10. 车四平七? 马 6 退 4!
11. 车七平四　前马进 2
12. 车八平九　马 4 进 3
13. 炮二进二　车 1 平 3

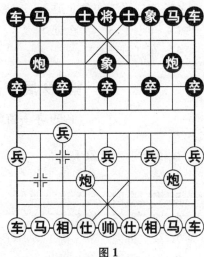

图 1

14. 兵九进一　车 9 平 7
15. 马七进九　炮 2 平 1
16. 马九进七　卒 1 进 1
17. 车四进二　马 3 进 4
18. 车四平二　马 4 进 6?
19. 仕五进四　卒 7 进 1
20. 车二退一　卒 7 进 1
21. 马三退四　马 2 进 3
22. 仕六进五　卒 7 进 1
23. 炮二平四　车 7 进 4
24. 炮四进二　车 3 进 4
25. 车二退二　卒 1 进 1
26. 车九平八　卒 1 平 2
27. 车二平四　卒 2 平 3
28. 炮四平二　马 3 进 4
29. 车八平九　炮 1 平 2
30. 车四进三　车 7 退 1
31. 帅五平六　炮 2 进 7

32. 帅六进一　车3平2

33. 炮二平五　士6进5

34. 车九进一　卒3进1

35. 炮六平九　车7平4

36. 仕五进六　车4进3

37. 帅六平五　炮2平6

38. 炮九进七　车2退4

39. 车四平三　将5平6

40. 车三退四　车4退4

41. 车三进四　车4进1

42. 帅五退一　车4平6

43. 车三进二！（图2）车6进3

44. 车三平五　象5退3

45. 车五平六　士4进5

47. 车九进三

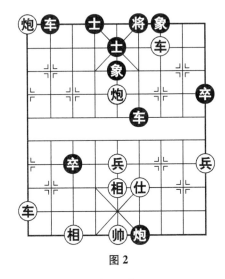

图2

46. 车六平八　炮6平8

第79局　聂铁文胜臧如意

（1999年全国象棋团体赛弈于漳州）

1. 兵七进一　象3进5

2. 炮八平六　卒7进1

3. 马八进七　马2进3

4. 车九平八　车1平2

5. 炮二进四　马8进7

6. 炮二平三　炮8进2

7. 马二进三　卒3进1

8. 车一平二　车9平8

9. 车八进四　卒3进1

10. 车八平七　马3进4

11. 相三进五　车8进3

12. 兵三进一！（图1）车8平7

13. 车二进五　车7平6

14. 车二平三　马7进6

15. 马七进六　马4退2！

16. 车三平四　车6进1?

17. 车七进二　车6退3?

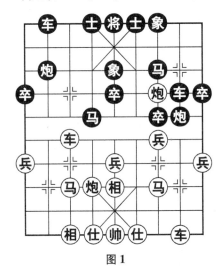

图1

18. 车七平八　车 2 进 1
19. 车八平五　炮 2 进 7?
20. 车五进一　士 6 进 5
21. 车五退二　车 6 进 7
22. 炮六平七!（图 2）车 6 平 3
23. 仕四进五　车 2 进 4
24. 炮七进二　炮 2 平 1
25. 马六进四

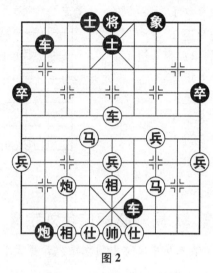

图 2

第 80 局　金波胜汤卓光

（2002 年第二届 BGN 世界象棋挑战赛弈于北京）

1. 兵七进一　象 3 进 5
2. 炮八平六　卒 7 进 1
3. 马八进七　炮 2 平 4
4. 车九平八　马 2 进 3
5. 马二进三　马 8 进 7
6. 马七进六!（图 1）炮 4 进 5
7. 炮二平六　车 9 平 8
8. 相三进五　车 1 平 2
9. 车八进九　马 3 退 2
10. 仕四进五　炮 8 平 9
11. 车一平四　车 8 进 7?
12. 马六进七　士 4 进 5
13. 车四进六　炮 9 进 4

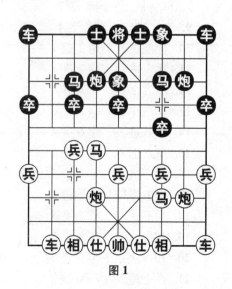

图 1

14. 车四平三　　炮9进3
15. 帅五平四　　炮9退2
16. 相五退三!　炮9进2
17. 相三进五　　马7退8
18. 车三平五　　卒9进1
19. 马七进八　　炮9退2
20. 炮六进三!（图2）卒7进1
21. 炮六平五　　车8退3
22. 兵五进一　　卒7进1
23. 车五平七　　车8平5
24. 兵五进一　　卒7进1
25. 车七平九

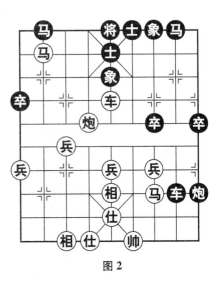

图2

第81局　　赵攀伟负刘宗泽

（2013年第五届东坡杯中国象棋公开赛弈于眉山）

1. 兵七进一　　象3进5
2. 炮八平六　　卒7进1
3. 马八进七　　马2进3
4. 车九平八　　车1平2
5. 炮二平五　　马8进7
6. 马二进三　　马7进6
7. 车一平二　　炮8平7
8. 车八进六　　车9进1
9. 车二进四　　车9平4
10. 仕四进五　　炮2退1
11. 兵三进一　　卒7进1
12. 车二平三　　车4平8
13. 车三平四　　炮2平6
14. 车八进三　　炮6进4
15. 车八退六　　炮6平7
16. 相三进一　　车8进5!（图1）
17. 炮五平四?　前炮进1
18. 兵五进一　　前炮平3
19. 相七进五　　车8平7
20. 相一进三　　卒3进1!
21. 兵七进一　　马6进4

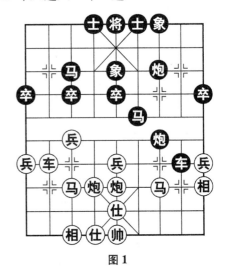

图1

22. 相五进七	象 5 进 3	23. 马三退四	炮 7 平 5
24. 炮六平五	炮 5 进 3	25. 车八进三	象 3 退 5
26. 车八平六	马 3 进 2	27. 车六退一	炮 5 平 3!（图2）

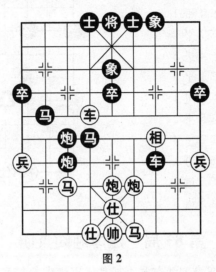

图 2

第 82 局　孙勇征负庄玉庭

(1996 年全国象棋个人赛弈于宁波)

1. 兵七进一　象 3 进 5	2. 炮八平六　卒 7 进 1

3. 马八进七　马 8 进 7

4. 车九平八　马 7 进 6

5. 马二进三　车 9 进 1

6. 车八进五　马 6 进 7

7. 马七进六　马 2 进 4

8. 炮二退一　车 1 平 2

9. 炮二平三　炮 8 进 2

10. 车八退二　马 7 退 6

11. 车一平二?（图1）马 6 进 4

12. 炮六平六?　车 9 平 4

13. 车二进五　炮 2 进 2!

14. 相三进五　炮 2 平 8

15. 车八进六　马 4 进 6

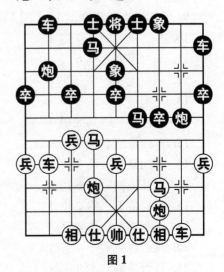

图 1

16. 车八退八　卒7进1！
17. 炮三平一　车4进5
18. 车八平二　马6退8！（图2）
19. 马三进四　车4平1
20. 车二进三　卒7平8
21. 马四进二　士4进5
22. 炮一进五　车1平5
23. 炮一平七　卒1进1
24. 炮七平八　车5平2
25. 炮八平六　车2平4
26. 炮六平八　卒1进1
27. 炮八退五　卒5进1
28. 兵七进一　象5进3

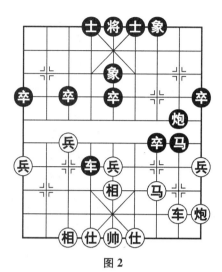

图2

第83局　汪洋胜陶汉明

（2008年惠州华轩杯全国象棋甲级联赛弈于惠州）

1. 兵七进一　象3进5		2. 炮八平六　卒7进1
3. 马八进七　马2进3		4. 车九平八　车1平2
5. 炮二平五　马8进7		6. 马二进三　马7进6
7. 车一平二　炮8平7		8. 车八进六　车9进1

9. 仕四进五　炮2退1？（图1）
10. 车二进六　卒7进1
11. 车二平四　马6进8
12. 马三退一　卒7进1
13. 马七进六　车2平3
14. 车四退二　马8退7
15. 车四进三！炮7平9
16. 车四平三　马7进6
17. 车三退四　马6进5
18. 相三进五　炮2平4？
19. 车八进二！炮4平3
20. 马一进三　士4进5
21. 马六进四　车9平8

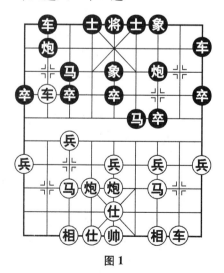

图1

22. 马四进五！（图2）象7进5　　23. 车三进四　卒3进1

24. 车三平一　卒3进1　　25. 炮六平七　马3进4

26. 车八平七　车3进1　　27. 炮七进六　车8进5

28. 车一平三　卒3进1　　29. 兵一进一

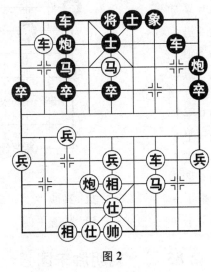

图2

第84局　张强胜王向明

（2004年大江摩托杯全国象棋个人赛弈于璧山）

1. 兵七进一　象3进5

2. 炮八平六　卒7进1

3. 马八进七　马2进3

4. 车九平八　车1平2

5. 炮二平五　马8进7

6. 马二进三　马7进6

7. 车一平二　炮8平7

8. 车八进六　车9进1

9. 仕四进五　炮2退1

10. 车二进六　卒7进1？（图1）

11. 车二平四　马6进8

12. 马七进六　卒7进1

13. 马三退一　马8进6?

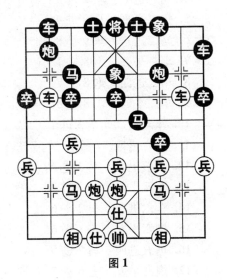

图1

14. 马六退四　卒7平6

15. 车四退三　车2平3

16. 马一进二　炮2平3

17. 炮六平七　炮7平9

18. 炮七进四　车9平7

19. 马二退四　士4进5

20. 兵七进一!　马3退1?

21. 车八进二　炮3进3

22. 炮七进二!（图2）车7进2

23. 炮七平九　炮9平6

24. 相三进一　炮3平8

25. 车四平二　车7进1

26. 车八退二　炮6平8

27. 车二平四　后炮平9

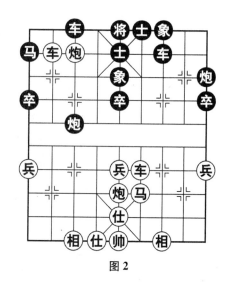

图2

28. 马四进二　车7进3

29. 炮五进四　车7平9

30. 帅五平四

第85局　刘明胜宋国强

（2014年朱宝位杯全国象棋团体赛弈于蚌埠）

1. 兵七进一　象3进5

2. 炮八平六　卒7进1

3. 马八进七　马2进3

4. 车九平八　车1平2

5. 炮二平五　马8进7

6. 马二进三　车9平8

7. 车一平二　炮8进1

8. 车二进四　炮8平7

9. 车二平四　车8进8

10. 车八进六　卒3进1

11. 炮六进四!（图1）炮7进3

12. 马三退五　马3进4?

13. 车四平六　车2进1

14. 车六进一　车2平6

15. 炮六平九　车8平6

16. 炮五进四　马7进5

17. 炮九平五　士6进5

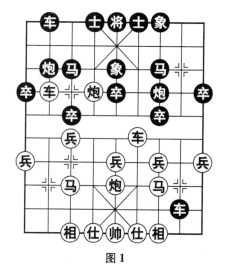

图1

18. 马五进四　前车退2

19. 仕六进五　后车进2

20. 兵七进一　炮2平3

21. 车八平七　将5平6

22. 相七进五　炮3进2?

23. 炮五平六!（图2）炮7平5

24. 马七进五　前车平5

25. 车六平七　车5平9

26. 兵九进一　车9平1

27. 后车退一　卒9进1

28. 前车平九　车1平2

29. 相五退七　将6平5

30. 炮六平五　车2平6

31. 炮五平八!　士5进4

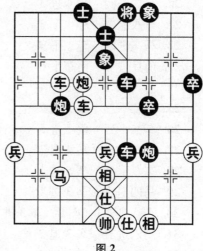

图2

32. 相三进五

第86局　于幼华胜李锦欢

（2003年第八届世界象棋锦标赛弈于香港）

1. 兵七进一　象3进5
2. 炮八平六　马8进7

3. 马八进七　车9进1
4. 车九平八　车9平4

5. 仕四进五　炮2平3
6. 炮二平五　卒7进1

7. 马二进三　马7进8

8. 车八进五!（图1）士4进5

9. 兵三进一　马8进7

10. 兵三进一　卒3进1

11. 兵七进一!　马7进5

12. 相三进五　炮3进5

13. 车一平二　炮8平9

14. 兵三进一　车4进5?

15. 兵三进一　车4平3

16. 车八进三!　车3退1

17. 兵三平二　炮9退2

18. 兵二进一　车3平4

19. 兵二平一!　马2进4

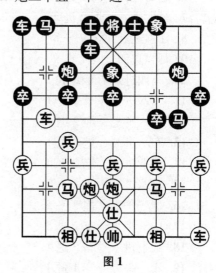

图1

20. 车二进四　马4进3
21. 车八退二　车4平3
22. 马三进四　车1平3
23. 前兵进一　前车平6
24. 前兵平二　马3进4
25. 兵二平三　象5退7
26. 车二平三　象7进5
27. 车八退二　马4退3
28. 车八退一　卒5进1
29. 马四退六　马3进1
30. 车八进二！（图2）车3进6
31. 马六进五　车3退2
32. 车八平七　象5进3
33. 车三平五

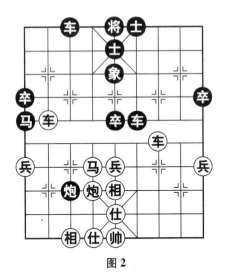

图 2

第 87 局　陶汉明胜王晓华

（2001年华亚防水杯特级大师赛弈于合肥）

1. 兵七进一　象3进5
2. 炮八平六　卒7进1
3. 马八进七　马2进3
4. 车九平八　车1平2
5. 炮二进四　马8进7
6. 炮二平三　炮8进5
7. 马七进六　炮2进2
8. 仕六进五　车9平8
9. 马六进四　马7退9？（图1）
10. 马四进六　车8进1
11. 车八进三　车2进1
12. 炮六平七　炮2退1
13. 车一进二　炮8退1
14. 兵七进一　炮2平4
15. 车八进五　车8平2
16. 炮三平六　炮8平5
17. 帅五平六　车2进5
18. 兵七进一　马3退1
19. 车一平六　卒1进1？

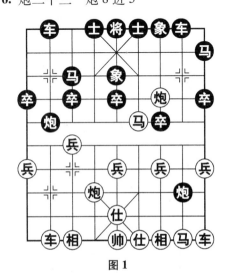

图 1

20. 车六进三　车2平3

21. 炮六平一　士4进5

22. 炮七平五　炮5平1

23. 兵一进一　炮1平7

24. 马二进一　炮7退1

25. 相七进九　马9进7?

26. 炮一进三　炮7平5

27. 兵七平六　马1进2?

28. 车六退一　炮5进1

29. 马一进二　车3退2

30. 兵六平五　车3平4

31. 车六进一　马2进4

32. 兵五进一　马4进6?

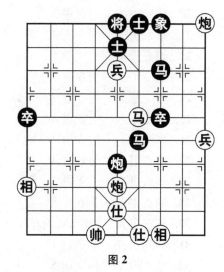

图2

33. 马二进四!（图2）马6进5　　34. 马四进三

第88局　孟辰胜何文哲

（2013年晋江市第四届张瑞图杯象棋个人公开赛）

1. 兵七进一　象3进5　　　　　　2. 炮八平六　马8进7

3. 马八进七　车9进1　　　　　　4. 车九平八　炮2平3

5. 马七进六　车9平6　　　　　　6. 炮二平五　士4进5

7. 马二进三　车6进4

8. 马六进五　马7进5

9. 炮五进四　马2进4

10. 炮五平一　卒7进1

11. 相三进五　车6退2

12. 炮一退二　马4进5

13. 车一平二　车1平4

14. 仕四进五　马5进6

15. 马三退一　车4进6

16. 车二进四　炮8平7

17. 车八进九　士5退4

18. 炮一进五　炮6平7?（图1）

19. 马一退三　象5退3

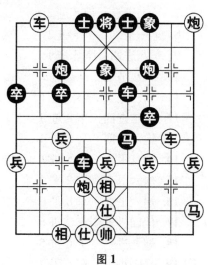

图1

111

20. 马三进四　炮 3 进 3

21. 车二进五　炮 7 进 4

22. 相五进三！车 4 平 5

23. 炮一平三　士 6 进 5

24. 相三退五　炮 3 进 2？

25. 炮三退六　士 5 退 6

26. 车八退七　炮 3 退 3

27. 炮三退二　马 6 进 4

28. 车八进三　士 4 进 5

29. 炮三平四　车 6 平 5

30. 车二退六！（图 2）前车平 8

31. 马四进二　卒 7 进 1

32. 车八退二　马 4 退 5

33. 车八平五　卒 7 进 1　　　　34. 车五平三

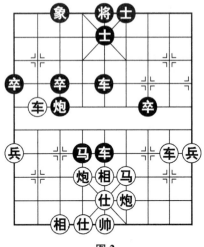

图 2

第 89 局　洪智胜尚威

（2001~2002 年派威互动电视杯象棋超级排位赛弈于北京）

1. 兵七进一　象 3 进 5　　　2. 炮八平六　卒 7 进 1

3. 马八进七　马 2 进 3　　　4. 车九平八　车 1 平 2

5. 炮二进四　马 8 进 7　　　6. 炮二平三　车 9 平 8

7. 马二进三　炮 8 进 2

8. 车一平二　卒 3 进 1

9. 车八进四　卒 3 进 1

10. 车八平七　马 3 进 2

11. 相三进五　卒 1 进 1

12. 车二进四　车 8 进 3

13. 炮六进四　马 2 退 4

14. 炮三平六　卒 5 进 1

15. 炮六退五　炮 2 平 4

16. 炮六平九　车 8 平 6

17. 仕四进五　车 2 进 6

18. 炮九进一　士 6 进 5

19. 兵一进一　车 6 平 2

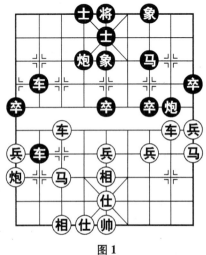

图 1

20. 马三进一！（图1）炮8退1？
21. 兵三进一　炮4进4
22. 马一退三　卒7进1
23. 车二平三　马7进8
24. 炮九进三　马8进7？
25. 兵九进一　炮8进4
26. 马七进六　马7进5
27. 相七进五　炮8平5
28. 帅五平四　卒5进1
29. 马六进七　前车退2
30. 兵五进一　前车平6
31. 车三平四　车6平7
32. 车四退二！（图2）炮5平2
33. 炮九平五　炮2进2　　　　34. 车七退四

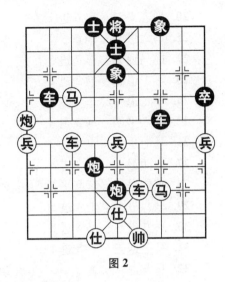

图2

第90局　金松负郑一泓

（2010年楠溪江杯全国象棋甲级联赛弈于永嘉）

1. 兵七进一　象3进5　　　　2. 炮八平六　马8进7
3. 马八进七　车9进1　　　　4. 车九平八　炮2平4
5. 兵三进一　卒7进1？（图1）6. 兵三进一　象5进7
7. 炮二平五　车9平6
8. 马二进三　炮8进4
9. 车一平二　炮8平7
10. 相三进一　马2进3
11. 车二进四　象7退5
12. 车二平三　炮7平8
13. 仕四进五　炮8退5
14. 马三进四　炮8平7
15. 车三平二　车1进2
16. 车八进六　车1平2
17. 车八进一　炮4平2
18. 马四进六　马7退5
19. 车二进四　炮2退1

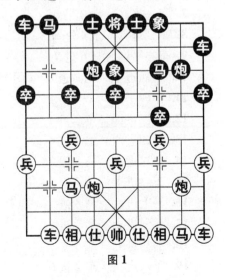

图1

20. 炮五平三　车6进1
21. 马六进七？车6平7
22. 前马退九？车7进5
23. 车二退二？炮2进2
24. 车二退一　车7平9
25. 炮六平四　马5退3
26. 马七进六　车9进2
27. 炮四退二　马3进4
28. 车二进三　车9平7
29. 马六进七　士4进5
30. 兵九进一　马4进5
31. 马七退五　卒5进1
32. 马九退八　炮2平5！（图2）
33. 马八进七　炮5进3

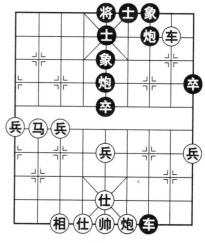

图2

34. 相七进五　卒5进1

第91局　李群负洪智

（2011年首届周庄杯海峡两岸象棋大师公开赛弈于昆山）

1. 兵七进一　象3进5
2. 炮八平六　卒7进1
3. 马八进七　马2进3
4. 车九平八　车1平2
5. 炮二平五　马8进7
6. 马二进三　马7进6
7. 车一平二　炮8平6
8. 车二进六　士4进5
9. 车二平四　马6进7
10. 车四退三　马7退8？（图1）
11. 车四平二　车9平8
12. 马三进四　卒7进1
13. 马四进六　炮2进4
14. 车二退一　马8退7
15. 车二进七　马7退8
16. 马七进六　马8进7
17. 兵七进一？卒3进1！
18. 前马进七　炮6平3
19. 车八进三　车2进6

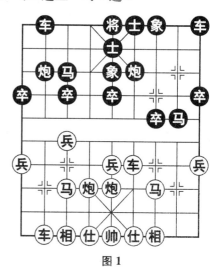

图1

20. 马六退八　卒3进1
21. 马八退九？炮3平1
22. 炮六平九　炮1进4
23. 马九进七　炮1平9
24. 兵五进一　卒7进1
25. 炮九退一　卒7平6
26. 仕六进五　卒9进1
27. 相七进九　卒3进1
28. 马七进九　卒6平5
29. 炮五平一　炮9平7
30. 马九进七　马7进6
31. 仕五进四？炮7退3！（图2）
32. 仕四进五　卒9进1
33. 兵五进一　后卒进1

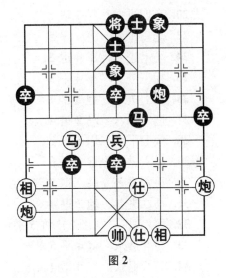

图2

34. 马七进五　卒9进1

第92局　赵玮胜赵利琴

（2007年锦州杯全国象棋团体赛弈于锦州）

1. 兵七进一　象3进5		2. 炮八平六　卒7进1
3. 马八进七　马2进3		4. 车九平八　车1平2
5. 炮二平五　马8进7		6. 马二进三　马7进6

7. 车一平二　炮8平7
8. 车八进六　车9进1
9. 车二进四　车9平4
10. 仕四进五　士4进5？（图1）
11. 兵三进一　卒7进1
12. 车二平三　炮2平1
13. 车八进三　马3退2
14. 马三进四　炮7平6
15. 炮五进四　炮6进3
16. 炮六平三！将5平4
17. 车三平四　车4进3
18. 兵五进一　马6退7
19. 炮五退一　炮1平3

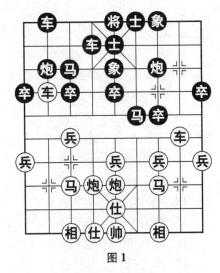

图1

20. 车四进二！ 马7进8   21. 车四平七   马8进7

22. 炮三平六   将4平5   23. 兵七进一！ 车4进2

24. 马七进八   车4退3

25. 相三进五   车4平3

26. 兵七进一   炮3平1

27. 炮六平八   马2进4

28. 兵七平六   炮1平2

29. 兵六进一   炮2进5

30. 兵六进一   马7退5

31. 马八进九   炮2退4

32. 兵六进一！（图2）将5平4

33. 马九进八   将4平5

34. 马八退六   将5平4

35. 马六退八

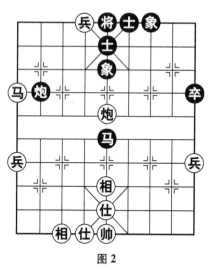

图 2

第 93 局　　陈卓胜吴安勤

（2010 年第二届宇宏杯象棋公开赛弈于太原）

1. 兵七进一   象3进5   2. 炮八平六   马8进7

3. 马八进七   车9进1   4. 车九平八   马2进4

5. 马二进三   卒3进1

6. 兵七进一   车1平3

7. 炮二退一   车3进4

8. 车八进二   炮2进4？（图1）

9. 炮二平七   炮2平3

10. 炮七进二   车3进2

11. 车一平二   炮8退1

12. 炮六进五！ 马7退5

13. 马三退五   车3退4

14. 炮六退三   卒9进1

15. 炮六平四   马4进3

16. 车八进一？ 炮8平7

17. 车二进六   车9进1

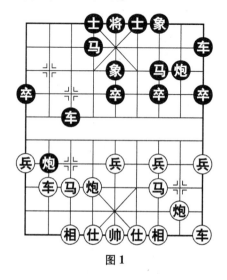

图 1

18. 炮四退二　车9平6   19. 炮四平五　车6进1

20. 兵五进一　马5退3   21. 马七进五　车6进3?

22. 车二平三　炮7平4

23. 车八平七!　前马进5

24. 车七进四　马5退7

25. 前马进七　炮4平5?

26. 马七进八　车6平7

27. 马八进七　炮5平4

28. 车七平六　将5进1

29. 炮五进四　象5进7

30. 马五进六!　马7退6

31. 炮五平八　车7平5

32. 相七进五　车5退1

33. 车六进一!（图2）将5平4

34. 炮八进二　将4进1

35. 马六进七

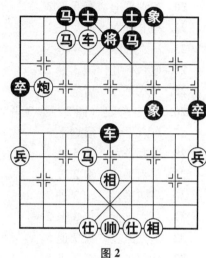

图2

第94局　陶汉明胜陈富杰

（2002年第二届BGN世界象棋挑战赛弈于北京）

1. 兵七进一　象3进5   2. 炮八平六　卒7进1

3. 马八进七　马2进3

4. 车九平八　车1平2

5. 炮二进四　马8进9

6. 马二进三　车9进1

7. 仕四进五　卒3进1

8. 兵七进一　象5进3

9. 相三进五　车9平6

10. 炮二平九　炮2进1?（图1）

11. 车一平二　炮8平5

12. 炮九退一　车6平7

13. 车二进四　炮5退1

14. 车二平六　车7进1

15. 车八进四　炮5平8

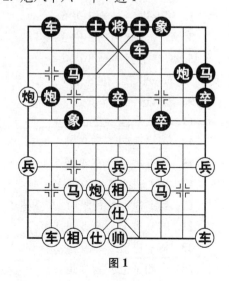

图1

117

16. 炮九进二！　马 3 退 1 　　　　**17.** 炮九平一　　车 7 平 9

18. 车六进二　车 9 平 5 　　　　　**19.** 兵三进一　　炮 8 平 3

20. 车六平七　车 5 平 3 　　　　　**21.** 车七平五　　象 3 退 5

22. 马七进六　卒 7 进 1

23. 马六进四　士 4 进 5

24. 炮六平九！　炮 3 平 2

25. 车八平三　后炮平 3

26. 车三平八！（图2）炮 3 平 2

27. 车八平六　后炮平 3

28. 炮九进六　象 5 进 7

29. 车六平八　炮 2 进 1

30. 马四进六　车 3 进 1

31. 马六进七　车 3 退 2

32. 炮九退三　象 7 退 5

33. 马三进四　车 3 进 5

34. 兵九进一　车 3 退 5

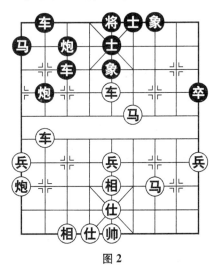

图 2

35. 马四进六　车 3 平 4 　　　　　**36.** 马六进七

第95局　李群胜张强

（2007年七斗星杯全国象棋甲级联赛弈于南京）

1. 兵七进一　象 3 进 5 　　　　　**2.** 炮八平六　　卒 7 进 1

3. 马八进七　马 2 进 3 　　　　　**4.** 车九平八　　车 1 平 2

5. 炮二平五　马 8 进 7 　　　　　**6.** 马二进三　　马 7 进 6

7. 车一平二　炮 8 平 7 　　　　　**8.** 车二进八　　士 4 进 5

9. 车八进三　卒 9 进 1 　　　　　**10.** 兵五进一　　马 6 进 7

11. 车八平四　车 2 平 4 　　　　　**12.** 仕四进五　　车 4 进 4

13. 车二退四　卒 9 进 1 　　　　　**14.** 车二平四　　卒 9 进 1

15. 兵五进一　车 4 平 5 　　　　　**16.** 马三进五　　车 5 平 2

17. 马七进六　卒 9 平 8 　　　　　**18.** 马五进六　　炮 7 平 6

19. 兵七进一！（图1）车 2 进 5 　　**20.** 前车进三　　士 5 进 6

21. 前马进七　卒 5 进 1 　　　　　**22.** 车四进四　　马 7 进 5

23. 相七进五　车 9 进 2? 　　　　　**24.** 车四进一！　象 5 进 3

25. 车四平七?　象 3 退 1 　　　　　**26.** 相五退七　　炮 2 进 4

27. 炮六平五　炮 2 平 5	28. 马六进七　士 6 进 5?
29. 后马退五　车 2 平 3	30. 马五进三　车 9 平 3?（图 2）

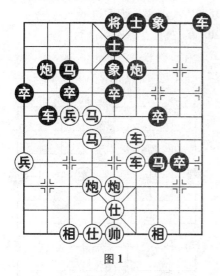

图 1

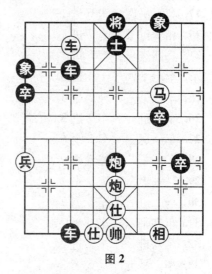

图 2

31. 车七平五　将 5 平 4	32. 车五退五　后车进 4
33. 车五进二　后车平 4	34. 马三进四　将 4 进 1
35. 炮五平六　车 4 平 6	36. 仕五进四！

第 96 局　黎德志胜黄仕清

（2013 年家和盛世·中正花园杯象棋公开赛弈于浚县）

1. 兵七进一　象 3 进 5
2. 炮八平六　马 2 进 3
3. 马八进七　车 1 平 2
4. 车九平八　卒 7 进 1
5. 炮二平五　马 8 进 7
6. 马二进三　马 7 进 6
7. 车一平二　炮 8 平 7
8. 车八进三　车 9 进 1
9. 兵五进一　车 9 平 4
10. 仕四进五　车 4 进 3
11. 车二进四　炮 2 退 1?（图 1）
12. 马三进五　马 6 进 5

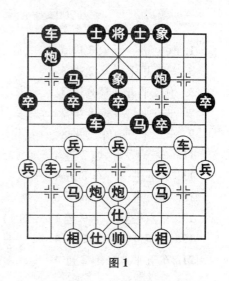

图 1

13. 车八平五　车4平6　　14. 马七进六　车6退1

15. 兵五进一　卒5进1　　16. 车五进二　炮2平5

17. 车五平四！车6进1　　18. 马六进四　炮5进6

19. 相三进五　炮7进1　　20. 车二进二　炮7平5

21. 马四进三！炮5进3　　22. 车二平七　炮5平3

23. 车七平四　士4进5　　24. 马三进一！（图2）象7进9

25. 车四平一　马3进4

26. 车一进一　车2进3

27. 车一退三　车2平6

28. 车一平二　炮3平9

29. 马一退二　炮9平1

30. 马二进三　车6退2

31. 车二平六　车6平7

32. 车六进一　车7进2

33. 车六平五　象5退7

34. 兵七进一　炮1平6

35. 相五退三　炮6退4

36. 炮六平三　炮6平8

37. 车五退一

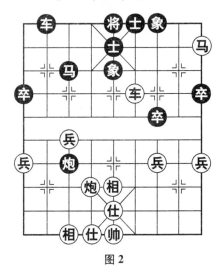

图2

第97局　金松胜汤卓光

（2002年宜春全国象棋个人赛）

1. 兵七进一　象3进5　　2. 炮八平六　卒7进1

3. 马八进七　马2进3　　4. 车九平八　车1平2

5. 炮二平五　马8进7　　6. 马二进三　马7进6

7. 车一平二　炮8平7　　8. 车二进四　卒7进1

9. 车二平三　车9平8　　10. 马七进六　马6进4

11. 车三平六　炮2进4　　12. 车六退一　炮2进2

13. 兵五进一　车8进4　　14. 仕四进五　士4进5

15. 相三进一　车8平6　　16. 兵一进一　炮2退3

17. 车六平五　卒9进1？（图1）18. 兵一进一　车6平9

19. 兵三进一　车2进4　　20. 兵五进一　卒5进1

21. 车五平八！炮2进4　　22. 车八进二　炮2平1

23. 车八退五　炮1退1	24. 车八进一　炮1进1
25. 车八退一　炮1退1	26. 马三进五　卒5进1
27. 炮五进二　车9进2	28. 马五退七　炮1平3
29. 炮五退二　炮3退3	30. 马七进六　车9退2
31. 车八进三　车9平5	32. 马六退四　车5平8?
33. 马四进三　炮7进1	34. 马三退五　炮7平5
35. 炮五进四　马3进5	36. 炮六平五　车8进5
37. 仕五退四　马5进4	38. 马五进四!（图2）马4进5
39. 相七进五	

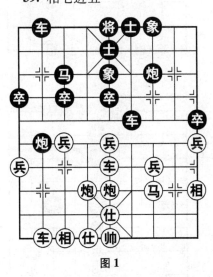

图1

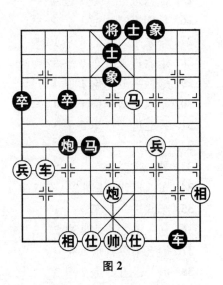

图2

第98局　李来群胜傅光明

（1987年蚌埠全国象棋个人赛）

1. 兵七进一　象3进5	2. 炮八平六　卒7进1
3. 马八进七　马2进3	4. 车九平八　车1平2
5. 炮二平五　马8进7	6. 马二进三　马7进6
7. 车一平二　炮8平7	8. 车二进八（图1）士4进5
9. 车八进六　卒9进1	10. 车二退二　卒9进1
11. 车二平四　马6进7	12. 车四平三　炮7平6
13. 马七进六　卒9进1	14. 马六进五　炮2平1
15. 车八平七　马7进5	16. 相三进五　马3进5

17. 车三平五　卒9平8

18. 马三进四　炮6进7!

19. 车五平一　车9进3

20. 车七平一　炮6退3

21. 马四进六　车2进4

22. 车一平六　炮6退5

23. 马六进四　炮6进1

24. 车六平九　车2平6

25. 仕六进五　炮1进4

26. 马四进二　炮1平4

27. 车九平六　炮4平1

28. 炮六进二　车6平5?

29. 炮六平五　炮1退4

30. 车六平八　炮1平4

31. 兵七进一!　车5平3

32. 车八进三　炮4退2

33. 马二进三　车3平5

34. 车八退四!（图2）车5退1

35. 车八进一　车5进1

36. 马三退二　炮4进2

37. 炮五平一!　炮6平7

38. 炮一进五　炮7退2

39. 马二退四　车5平6

40. 炮一退一!　炮4平3

41. 马四进三　将5平4

42. 马三退五

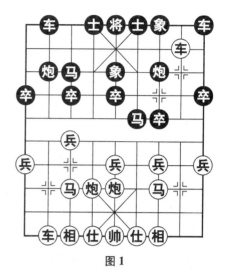

图1

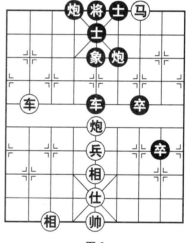

图2

第99局　黎德志胜刘宗泽

（2013年家和盛世·中正花园杯象棋公开赛弈于浚县）

1. 兵七进一　象3进5

2. 炮八平六　卒7进1

3. 马八进七　马2进3

4. 车九平八　车1平2

5. 炮二平五　马8进7

6. 马二进三　马7进6

7. 车一平二　炮8平7

8. 车八进三　车9进1

9. 兵五进一　马6进7

10. 车八平四　车2进1

11. 车二进七　车2平7？（图1）

12. 兵五进一　卒5进1

13. 马三进五　车9平8

14. 炮五进三　士4进5

15. 车二进一　车7平8

16. 马五进六　马3退4

17. 炮六平三　车8进6

18. 马七退五！马4进2

19. 炮五退三　车8退6

20. 炮三进三！将5平4

21. 炮五平六　将4平5

22. 炮六平五　将5平4

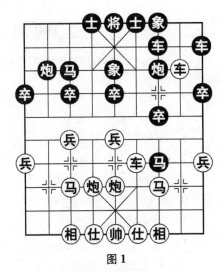

图 1

24. 车四平三　马2进4

26. 马五进六　炮7平5

28. 炮三进七　士6进5

30. 炮三退二！（图2）炮5平7

31. 车三进四　将5平4

32. 车三进二　将4进1

33. 马六进八　车8进2

34. 马八进九　马4进5

35. 车三平九　车8平4

36. 车九退一　将4进1

37. 马九进八　将4平5

38. 车九退三！车4平5

39. 车九进二　士5进4

40. 马八退六　马5进4

41. 相七进五　马4进3

42. 帅五进一　将5退1

43. 车九进一

23. 炮三进四　象5退7

25. 炮五平六　将4平5

27. 炮六平三！士5进6

29. 前马进五　炮2平5

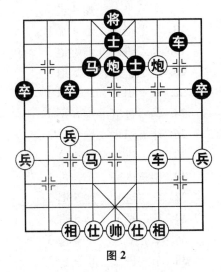

图 2

第100局　赵玮胜蔡佑广

（2012年重庆长寿首届健康杯象棋公开赛）

1. 兵七进一　象3进5
2. 炮八平六　车1进1
3. 马八进七　车1平4
4. 仕四进五　马2进3
5. 车九平八　炮2退2
6. 马二进三　炮2平3
7. 相三进五　车4平6？（图1）
8. 兵三进一　马8进9
9. 马七进六　士6进5
10. 兵一进一　车6进2
11. 炮二退二　卒3进1
12. 兵七进一　炮3进4
13. 车八进六　炮3平4
14. 炮六平七！炮8进1？
15. 车八进一　炮8退1
16. 马三进二　炮4退2
17. 车八平七　炮4进7
18. 车七退一　炮4平8
19. 马二进一　前炮退3

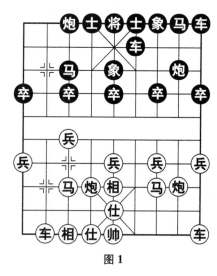

图1

20. 炮七平八！象5退3
21. 车七进三　后炮平2
22. 车七退二　车6退1
23. 车七平四　士5进6
24. 马六进五　炮8平1
25. 炮八进二　炮1进3
26. 仕五退六　炮2平5
27. 车一平二　马9退7
28. 兵一进一　炮5进4
29. 相五退三　马7进6
30. 相三进一　车9进1
31. 炮八进五　士4进5
32. 车二进三　炮5退2
33. 车二进二　马6进5
34. 车二平五　马5进4
35. 帅五平四　象7进5
36. 车五平六　马4进3
37. 马五进七　士5进4
38. 车六进二　车9平3
39. 车六平五　士6退5
40. 马一进三　马3退4
41. 仕六进五　马4进2
42. 车五进一！（图2）车3平5
43. 马三进五　马2进4
44. 炮八退九　马4退3
45. 炮八进九

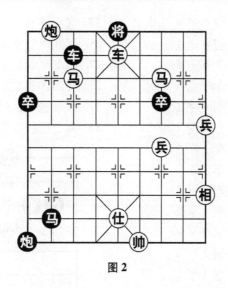

图2

第101局 黎德志胜黄仕清

（2012年磐安伟业杯全国象棋个人赛）

1. 兵七进一　象3进5
2. 炮八平六　马2进3
3. 马八进七　卒7进1
4. 车九平八　车1平2
5. 炮二平五　马8进7
6. 马二进三　马7进8?（图1）
7. 马七进六　车9进1
8. 车八进六　车2进1
9. 马六进五　车9平4
10. 仕四进五　马8进7
11. 车一平二?　马7进5
12. 相三进五　马3进5
13. 车二进六　卒7进1
14. 车二平五　卒7进1
15. 马三退二　炮8平9
16. 车五平一　车4进5
17. 马二进四　车2平8
18. 车一平七　车8进7
19. 车七平四　车8平7!
20. 兵七进一　卒7平8?
21. 兵七进一　炮2平1

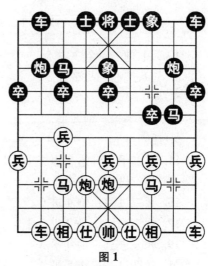

图1

22. 车八平九　炮1平4　　　　23. 炮六进五　炮9平4

24. 仕五退四　炮4进2?　　　　25. 车九退二　车4进2

26. 车九平四　士6进5　　　　27. 前车平六!　卒8平9

28. 兵五进一　车7退4　　　　29. 马四进五　车4退2

30. 马五进三　车4平1　　　　31. 兵五进一!　炮4平1

32. 兵五平四　车7退2　　　　33. 兵七进一　象5进7

34. 兵七进一　车1平3

35. 兵七平六　车3退2

36. 兵四进一　炮1退2

37. 车四平八　炮1平2

38. 仕六进五　卒9平8

39. 帅五平六　炮2平4

40. 帅六平五　炮4平2

41. 车八退一　卒8平7

42. 车八平三　车3退2

43. 马三进五!（图2）车3平5

44. 车六退一　车5平3

45. 车三平六　将5平6

46. 兵六进一

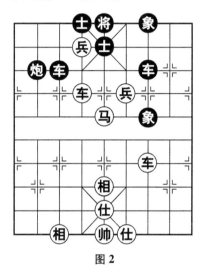

图 2

第102局　靳玉砚胜李家华

（2002年宜春全国象棋个人赛）

1. 兵七进一　象3进5　　　　2. 炮八平六　卒7进1

3. 马八进七　马2进3　　　　4. 车九平八　车1平2

5. 炮二平五　马8进7　　　　6. 马二进三　马7进6

7. 车一平二　炮8平7　　　　8. 车二进四　车9进1

9. 仕四进五　车9平4　　　　10. 车八进六　卒7进1

11. 车二平三　炮2退1（图1）　12. 车三平四　车4进3

13. 兵三进一　炮2平4　　　　14. 车八进三　马3退2

15. 兵三进一!　炮4进6　　　　16. 炮五进四　士4进5

17. 兵三平四　马2进3　　　　18. 炮五退一　炮4退1

19. 相三进五　炮4平3　　　　20. 兵五进一　车4进2

21. 兵四进一　将5平4　　　　22. 兵四进一　炮7进2

23. 车四进一 炮7进1	24. 车四退一 炮7退1
25. 兵四进一 卒3进1	26. 兵七进一 炮7平3
27. 马七退九 后炮进1	28. 车四进二 马3进2
29. 炮五平二 马2退4	30. 兵五进一 马4进5
31. 炮二进四 将4进1	32. 炮二退一 将4退1
33. 炮二平五!（图2）车4平7	34. 相五进七 车7进1

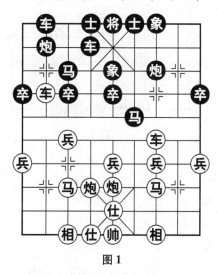

图1   图2

35. 相七进五 车7平9	36. 车四退六 车9退1
37. 马九进七 炮3平2	38. 兵五进一 车9平3
39. 车四进五 车3平8	40. 车四退五 车8平3
41. 车四进五 车3平9	42. 相五退三 车9平7
43. 相七退五 马5退7	44. 兵五进一 马7进8
45. 帅五平四 炮2退5	46. 炮五进一!

第103局　程吉俊胜蔡佑广

（2013年江苏省第二十二届金箔杯象棋公开赛弈于南京）

1. 兵七进一 象3进5	2. 炮八平六 炮8平6
3. 马八进七 马8进7	4. 炮二平五 马2进3
5. 马二进三 车1平2	6. 车一平二 卒7进1
7. 车九平八 马7进6	8. 车二进六 士4进5
9. 车二平四 马6进7	10. 车八进六 卒9进1

11. 炮五平四　炮6平7?（图1）

12. 车四平三　车9进2

13. 炮六进一!　马7退8

14. 马三进二　卒7进1

15. 车三退二　卒9进1

16. 兵一进一　车9进3

17. 车三平六　炮2平1

18. 车八进三　马3退2

19. 马二进四　车9平4

20. 马七进六　炮1进4

21. 马六进七　马8进6

22. 兵五进一　马6进8

23. 仕四进五　炮7进1

24. 马七进八　炮1退1

26. 马四进六　炮7退3

28. 炮四平二　炮7进2

30. 相三进五　马2进1

32. 兵五进一　卒5进1?

34. 炮五进四　将5平6

35. 马九退七　马7进8

36. 仕五进四　马1退3

37. 炮五平三　炮1平5

38. 仕六进五　炮7进1

39. 马六退四　炮5平2

40. 兵六平五!（图2）士5进6

41. 马七进六　马3进5

42. 马四进五　将6进1

43. 炮二退一　将6平5

44. 马五退四　将5平4

45. 马六进四　士6退5

46. 前马退二

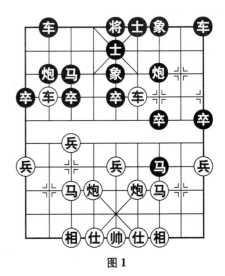

图1

25. 兵七进一　炮7进1

27. 马八退九　士5进4

29. 兵七平六　士6进5

31. 炮六平五　马8退7

33. 炮二进七　象7进9

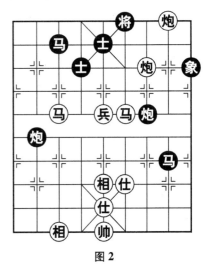

图2

第 104 局　黎德志负邓桂林

(2012 年第五届杨官璘杯全国象棋公开赛弈于东莞)

1. 兵七进一　象 3 进 5
2. 炮八平六　马 2 进 3
3. 马八进七　车 1 平 2
4. 车九平八　卒 7 进 1
5. 炮二平五　马 8 进 7
6. 马二进三　马 7 进 6
7. 车一平二　炮 8 平 7
8. 车二进六　车 9 进 1
9. 车二平四　马 6 进 7
10. 马七进六　炮 2 进 6
11. 车四进一　车 9 平 7
12. 马六进七　士 4 进 5
13. 车四退四　车 2 平 4?（图 1）
14. 仕四进五　炮 2 退 8
15. 车八进八　炮 2 平 3
16. 车八平七?　车 4 进 6
17. 炮六平八　车 4 平 2
18. 炮八平六　车 2 平 4
19. 炮六平九　卒 7 进 1
20. 炮九进四　马 3 进 1
21. 炮五进四　炮 3 平 4
22. 炮五平九　车 4 平 1
23. 炮九平一?　炮 7 平 9
24. 炮一平五　车 7 进 2
25. 炮五进二　炮 9 退 1
26. 车七退一?　卒 7 平 6
27. 车四进一　马 7 退 8!
28. 车四进四　炮 9 平 5
29. 马七进五　车 7 进 4
30. 相三进五?　车 1 平 4
31. 马五进三　马 8 退 9!（图 2）
32. 马三退四　车 4 退 5
33. 车四退一　车 7 退 4
34. 马四退三　车 4 进 7

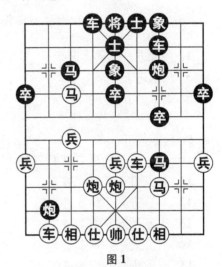

图 1

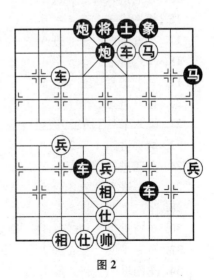

图 2

35. 马三进五　车7平5	36. 马五退三　炮5进5
37. 车四退一　炮5进2	38. 车四退四　炮5平8
39. 仕六进五　炮8进1	40. 车七平二　炮8平3
41. 马三进四　车4退7	42. 车二退一　车5平4
43. 帅五平四　前车进6	44. 帅四进一　前车平7
45. 车四退三　车7退1	46. 帅四退一　车4进8

第105局　程吉俊负柳大华

（2012年伊泰杯全国象棋甲级联赛弈于呼和浩特）

1. 兵七进一　象3进5	2. 炮八平六　马2进3
3. 马八进七　车1平2	4. 车九平八　卒7进1
5. 炮二平五　马8进7	6. 马二进三　马7进6
7. 车一平二　炮8平7	8. 车二进四　车9进1
9. 仕四进五　车9平4	
10. 车八进三　炮2退1？（图1）	

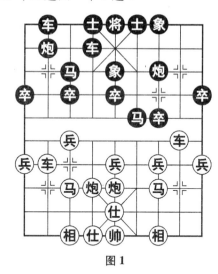

图1

11. 兵五进一　车4进3	
12. 马三进五　马6进5	
13. 车八平五　炮2进3	
14. 兵五进一　炮2平5	
15. 马七进六　炮5进3	
16. 相三进五　车4平5	
17. 车五平四　士4进5	
18. 马六进七　车5平4	
19. 马七退六　车4平5	
20. 相五退三　炮7平6	
21. 炮六平一　车5平4	
22. 炮一进四　车2平4	23. 马六退五　前车进2
24. 车四进三　前车平5	25. 兵七进一！象5进3
26. 炮一进三　象3退5	27. 车二进四！车4进6
28. 车二平四　将5平4	29. 后车平三　将4进1
30. 车三进三？马3退4！（图2）	31. 车四退一　士5进6
32. 车三平四　马4进2	33. 车四退二　马2进3
34. 车四进一　将4退1	35. 车四进一　将4进1

36. 车四退一　将4退1
37. 炮一平二　车5退1
38. 炮二退三　马3进2
39. 车四退一　车4退2
40. 车四平五　马2进4
41. 炮二退五　卒7进1!
42. 炮二平四　卒7平6
43. 仕五进六　马4进2
44. 炮四平五　车5平2
45. 炮五平二　车4进3
46. 炮二进一　车4退4

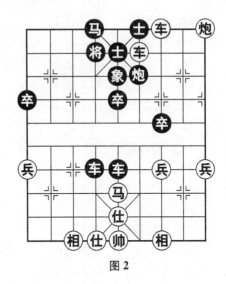

图2

第106局　汪洋负陈泓盛

(2010年晋江市张瑞图杯象棋个人公开赛)

1. 兵七进一　象3进5
2. 炮八平六　卒7进1
3. 马八进七　马2进3
4. 车九平八　车1平2
5. 炮二平五　马8进7
6. 马二进三　马7进6
7. 车一平二　炮8平7
8. 车八进六　车9进1
9. 仕四进五　车9平4
10. 车二进四　车4进3?（图1）
11. 兵三进一　马6进7
12. 车二进三　炮7退1
13. 车二进一　炮7进1
14. 车二平三　炮7平6
15. 兵三进一　士4进5
16. 兵三平二　马7进5
17. 马三进四　车4平6
18. 马四退五　车6平8
19. 马五进三　车8平5
20. 炮六平三　卒3进1
21. 兵五进一　车5平4

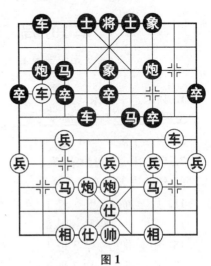

图1

22. 车三进一! 卒 3 进 1　　23. 车三退三　卒 3 进 1

24. 马七进五　车 4 进 2　　25. 炮三平二　炮 6 平 8

26. 车八平七　炮 2 进 5!　　27. 马三进四　车 2 进 4

28. 马四进五　炮 2 平 3　　29. 前马进三　将 5 平 4

30. 炮二平六　车 4 进 1　　31. 车七退三　车 4 退 5

32. 车七退一　炮 8 进 7　　33. 相三进一　车 2 平 8

34. 马五退四　炮 8 平 9　　35. 马四进二　炮 9 平 4

36. 车三退三　炮 4 退 1

37. 马二进四?　炮 4 平 1

38. 车七平九　车 8 平 3!

39. 马四退六　炮 1 平 4

40. 车九退二　马 3 进 2

41. 车九平八　马 2 进 3

42. 相一退三　炮 4 平 1

43. 相七进五?（图2）马 3 进 4

44. 车八进九?　将 4 进 1

45. 车八退一　将 4 退 1

46. 车八进一　将 4 进 1

47. 马六进七　炮 1 进 1

48. 仕五进六　马 4 退 6

49. 帅五平六　车 3 进 1!

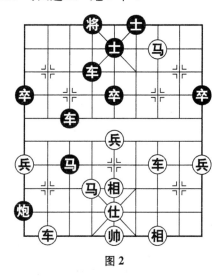

图 2

第107局　李鸿嘉胜陶汉明

（2007 年七斗星杯全国象棋甲级联赛弈于厦门）

1. 兵七进一　象 3 进 5　　2. 炮八平六　卒 7 进 1

3. 马八进七　马 2 进 3　　4. 车九平八　车 1 平 2

5. 炮二平五　马 8 进 7　　6. 马二进三　马 7 进 6

7. 车一平二　炮 8 平 7　　8. 车八进六　车 9 进 1

9. 仕四进五　车 9 平 4　　10. 车二进四　士 4 进 5?（图1）

11. 兵三进一　卒 7 进 1　　12. 车二平三　炮 2 平 1

13. 车八进三　马 3 退 2　　14. 马三进四　炮 1 平 3

15. 相七进九　卒 3 进 1　　16. 炮五平四　卒 3 进 1

17. 炮四进三　炮 7 平 6　　18. 马七退九　车 4 进 4

19. 炮四平二　炮 3 平 1
20. 相九进七！车 4 平 3
21. 相三进五　车 3 退 1
22. 炮二退二　马 2 进 3
23. 马四进三　车 3 平 8
24. 马三退二　车 8 平 9
25. 马九进七　车 9 进 2
26. 炮二平三　车 9 退 2
27. 马七进八　炮 1 退 2
28. 马二进三　车 9 平 3
29. 马三进四　象 7 进 9
30. 车三进三！车 3 平 2
31. 车三平一　象 5 进 7
32. 车一平三　车 2 进 1
33. 车三退二　炮 1 进 2
34. 车三平七！（图 2）士 5 进 4
35. 炮六平七　将 5 进 1
36. 马四退二　马 3 退 4
37. 车七进一　将 5 退 1
38. 车七平九　马 4 进 2
39. 车九平五　士 6 进 5
40. 炮三进一　车 2 平 6
41. 马二进一　将 5 平 6
42. 炮三退二　炮 1 平 3
43. 车五平八　马 2 退 4
44. 车八平一　炮 3 退 1
45. 马一退二　将 6 平 5

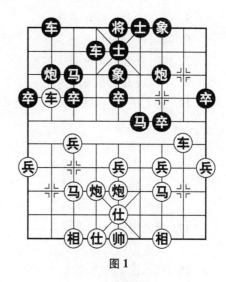

图 1

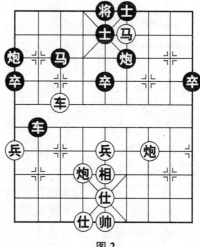

图 2

46. 炮七进二　炮 3 进 3
47. 炮七平五　炮 3 平 5
48. 车一进三　炮 6 退 2
49. 车一退四　炮 5 退 2
50. 马二进四！

第 108 局　陶汉明胜尚威

（2006 年西乡引进杯全国象棋个人赛弈于深圳）

1. 兵七进一　象 3 进 5　　　　2. 炮八平六　卒 7 进 1

3. 马八进七　马 2 进 3

4. 车九平八　车 1 平 2

5. 马二进三　马 8 进 7

6. 炮二进四　马 7 进 8

7. 相三进五　车 9 进 1

8. 炮二平七　车 9 平 6?

9. 车八进五　车 6 平 4

10. 仕四进五　炮 2 平 1

11. 兵七进一?（图1）车 2 进 4

12. 兵七平八　车 4 进 5

13. 马七进八　车 4 退 1

14. 马八退七　车 4 进 1

15. 马七进八　车 4 退 1

16. 马八退七　车 4 进 1

17. 兵八进一　车 4 平 3

18. 马七退八　车 3 平 2

19. 马八进七　车 2 退 3

20. 炮七平一　卒 5 进 1

21. 炮一进三　士 4 进 5

22. 兵一进一　马 8 进 7

23. 车一平二　炮 8 平 7

24. 兵一进一　卒 5 进 1

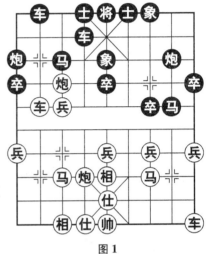

图1

25. 兵五进一　马 7 退 5

26. 马三进五　车 2 进 3

27. 车二进四!　卒 7 进 1

28. 马五进三　车 2 平 3

29. 马三退五!　马 5 退 7

30. 炮六退一　马 3 进 5

31. 兵一平二　马 7 进 6

32. 车二平五　车 3 平 4

33. 车五进二　车 4 进 2

34. 车五平四　马 6 退 5

35. 马七进八　车 4 退 3

36. 车四退一　马 5 退 4

37. 马八进七　象 5 进 3

38. 马七退五　象 3 退 5

39. 后马进三　马 4 进 3?

40. 马五进七　炮 1 平 3

41. 马七进五　马 3 进 2

42. 马五进三　将 5 平 4

43. 炮一退八　车 4 进 1

44. 车四平八　车 4 平 8

45. 后马进四　炮 3 进 2

46. 车八进四　将 4 进 1

47. 车八退一　将 4 退 1

48. 马四退六!（图2）士 5 进 6

49. 车八进一　将 4 进 1

50. 车八退一　将 4 退 1

51. 仕五退四

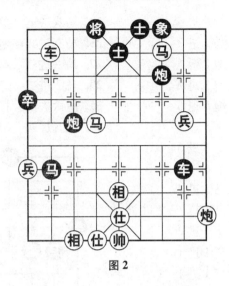

图2

第109局 洪智胜李锦欢

（2007年第二十七届五羊杯全国象棋冠军邀请赛弈于广州）

1. 兵七进一 象3进5	2. 炮八平六 马8进7
3. 马八进七 车9进1	4. 车九平八 车9平4
5. 仕四进五 炮2平3	6. 炮二平五 卒7进1
7. 马二进三 马7进8	8. 车八进五 卒3进1

9. 兵七进一 马8进7

10. 车一平二 炮8进2

11. 炮五进四 士4进5

12. 马七退九 车4进2

13. 炮五退二 马7退5

14. 兵五进一 炮8平3

15. 车二进三 车4进2？（图1）

16. 兵五进一 马2进4

17. 相三进五 车1平2

18. 车八进四 马4退2

19. 马九进八 车4平2

20. 帅五平四 车3进1

21. 车二平五! 卒7进1

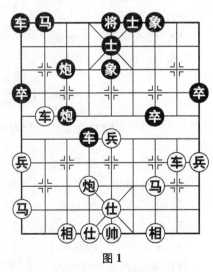

图1

22. 车五平七　后炮进4	23. 马八进七　象5进3
24. 相五进三　马2进3	25. 马三进二　炮3平2
26. 马二进一　炮2退5	27. 马一进三　炮2平1
28. 马三退四　炮1进5	29. 马四进二　炮1平6
30. 马二进三　炮6退5	31. 炮六进四！将5平4
32. 炮六平三　士5进6	33. 仕五进四　炮6进6
34. 炮三进三　士6进5	
35. 马三退四　炮6平2	
36. 炮三退二　马3进2	
37. 炮三退二！（图2）马2进3	
38. 炮三平七　炮2进2	
39. 帅四平五　卒1进1	
40. 炮七退一　卒1进1	
41. 炮七平六　将4平5	
42. 兵五平六　将5平6	
43. 炮六平四　将6平5	
44. 炮四进三　将5平6	
45. 炮四平七　卒1平2	
46. 兵六进一　马3进4	

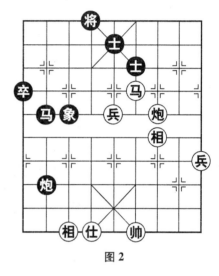

图2

47. 相三退五　马4退3	48. 马四进五　将6进1
49. 马五退四　马3进5	50. 炮七退二　马5进3
51. 帅五平四　马3退5	52. 帅四平五　马5进3
53. 帅五平四　将6退1	54. 炮七平四　将6平5
55. 兵六进一	

第110局　赵玮负金波

（2009年惠州华轩杯全国象棋甲级联赛弈于惠东）

1. 兵七进一　象3进5	2. 炮八平六　卒7进1
3. 马八进七　马2进3	4. 车九平八　车1平2
5. 马二进三　马8进7	6. 炮二进四　马7进6
7. 炮二平七　车9进1	8. 仕四进五　炮2进4
9. 车一平二　炮8平7	10. 车二进四　车2进4
11. 相三进五　卒9进1	12. 车八进二　车9平2

13. 马七进六　马6进4
14. 车二平六　炮2平7
15. 车八进三　车2进3
16. 兵九进一　士4进5
17. 车六平四　车2进1!（图1）
18. 车四退一　车2平1
19. 兵五进一　车1退1
20. 炮六平七　卒7进1
21. 车四平八　车1平7
22. 相五进三　车7进1
23. 相七进五　车7退1
24. 前炮平八?　马3进4
25. 炮八进三　马4进6
26. 车八平四　马6进8
28. 马三退一　马8进9
30. 炮一平三　炮9进4
32. 炮三平六　卒1进1
34. 炮六退二　卒1进1
36. 炮七平五　炮6平5
37. 帅五平四　炮7平6
38. 仕五进六　卒2平3
39. 仕六退五　炮6退3
40. 炮六进二　卒9进1
41. 兵七进一　卒9平8
42. 兵七平六　卒8平7
43. 兵五进一　卒7进1!（图2）
44. 兵五进一　卒7进1
45. 帅四平五　卒7平6
46. 兵五平四　卒6进1
47. 兵四平三　士5进6
48. 炮六平四　炮6平3
50. 相七进九　炮3平6
52. 兵六平五　炮2进8
54. 炮四平五　炮5平1!

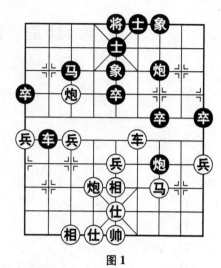

图1

27. 炮八退八　卒1进1
29. 炮八平一　后炮平9
31. 炮三进四　炮9平6
33. 炮六进一　炮7退2
35. 相五退七　卒1平2

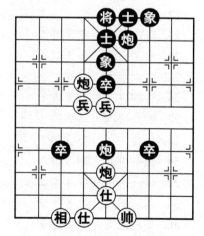

图2

49. 炮四平五　将5平4
51. 前炮平四　炮6平2
53. 相九退七　卒3进1
55. 后炮进一　炮1进3

137

第 111 局　赵攀伟胜蔡佑广

（2013 年重庆首届学府杯象棋赛）

1. 兵七进一　象 3 进 5　　　　2. 炮八平六　马 2 进 3

3. 马八进七　车 1 平 2　　　　4. 车九平八　卒 7 进 1

5. 炮二平五　马 8 进 7　　　　6. 马二进三　马 7 进 6

7. 车一平二　炮 8 平 7　　　　8. 车八进六　车 9 进 1

9. 车二进四　车 9 平 4　　　　10. 仕四进五　士 4 进 5？

11. 兵三进一　卒 7 进 1　　　　12. 车二平三　炮 2 平 1

13. 车八进三　马 3 退 2　　　　14. 马三进四　炮 7 平 6

15. 炮五进四　炮 1 平 3

16. 车三进一！（图1）炮 6 进 3

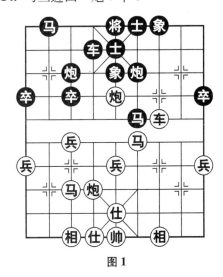

图 1

17. 车三平四　车 4 进 2

18. 炮五进二　士 6 进 5

19. 车四退一　卒 3 进 1

20. 相三进五　车 4 进 3

21. 马七进六　卒 3 进 1

22. 马六进四　象 5 进 3

23. 车四平三　象 7 进 5

24. 车三进二　卒 3 进 1

25. 炮六平九　车 4 退 2

26. 马四进二　卒 3 进 1

27. 炮九进四　马 2 进 1

28. 兵九进一　卒 3 进 1　　　　29. 兵九进一　卒 3 平 4

30. 相七进九　炮 3 退 1　　　　31. 兵九平八　车 4 进 2

32. 兵八进一　车 4 平 2　　　　33. 兵八平七　车 2 退 4

34. 车三平六！炮 3 平 2　　　　35. 兵七平八　车 2 平 3

36. 车六退五　象 5 退 7　　　　37. 车六进四　马 1 退 3

38. 炮九退二　车 3 平 8　　　　39. 炮九平五　士 5 进 4

40. 车六平五　将 5 平 4　　　　41. 车五进一　马 3 进 5

42. 炮五平二　车 8 平 7　　　　43. 车五平七　炮 2 平 6

44. 炮二平六　将 4 平 5　　　　45. 炮六平五　将 5 平 4

46. 车七退一　车 7 进 1　　　　47. 车七进四　将 4 进 1

48. 车七退三　炮 6 进 2
49. 车七进二　将 4 退 1
50. 车七进一　将 4 进 1
51. 马二退三　炮 6 进 3
52. 马三进五　马 5 进 6
53. 车七退一　将 4 退 1
54. 炮五平六　车 7 平 4
55. 车七进一　将 4 进 1
56. 车七平五！（图 2）车 4 进 1
57. 兵八进一

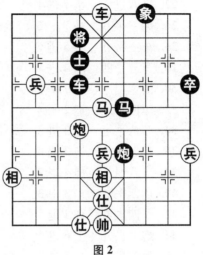

图 2

第 112 局　黄仕清胜赵顺心

（2007 年伊泰杯全国象棋个人赛弈于呼和浩特）

1. 兵七进一　象 3 进 5　　2. 炮八平六　卒 7 进 1
3. 马八进七　马 2 进 3　　4. 车九平八　车 1 平 2
5. 马二进三　马 8 进 7　　6. 相三进五　车 9 进 1
7. 仕四进五　车 9 平 6　　8. 车八进六　炮 8 进 1

9. 炮二平一　卒 3 进 1
10. 车八退二　炮 2 平 1
11. 兵七进一　车 2 进 5
12. 马七进八　象 5 进 3
13. 车一平二　炮 8 平 7
14. 炮六平七　马 3 进 2
15. 车二进六　炮 7 进 3
16. 炮一进四　车 6 平 4
17. 炮一退二　象 3 退 5
18. 车二退二　炮 1 进 4
19. 炮七平八　炮 1 平 2
20. 车二平四　卒 1 进 1
21. 炮一进一　卒 1 进 1？（图 1）

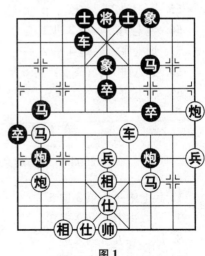

图 1

22. 马八进六	卒 7 进 1	**23.** 车四平三	车 4 进 3
24. 炮一平八	马 7 进 6	**25.** 前炮进四	士 4 进 5
26. 车三平九	士 5 进 6	**27.** 车九平五	车 4 退 1
28. 车五平四	车 4 进 1	**29.** 兵一进一	炮 7 退 5
30. 前炮退一	炮 7 平 3	**31.** 后炮平六	炮 2 退 4
32. 车四平八	炮 2 平 4	**33.** 马三进四！	车 4 平 1
34. 车八平七	炮 3 进 3	**35.** 炮八平四	士 6 退 5
36. 车七平八	炮 3 退 4	**37.** 车八进五	车 1 平 3
38. 车八退五	炮 4 退 2	**39.** 兵一进一	炮 3 进 1
40. 炮四平七	车 3 退 3	**41.** 车八进二	马 6 进 4
42. 马四进五	马 4 退 5？	**43.** 车八平五	士 5 进 4
44. 炮六平九	士 6 进 5	**45.** 兵一进一	象 5 退 3

46. 兵五进一	车 3 进 3
47. 兵五进一	车 3 平 1
48. 炮九平七	象 7 进 5
49. 炮七进二	车 1 进 2
50. 车五平七	车 1 平 9
51. 兵一平二	车 9 平 8
52. 兵二平三	车 8 平 7
53. 兵三平四	车 7 平 6
54. 兵五进一	车 6 退 1
55. 车七进二	将 5 平 6
56. 炮七退二	象 3 进 1
57. 炮七平八	炮 4 平 2
58. 炮八进六！（图2）	将 6 平 5？
59. 兵五进一	

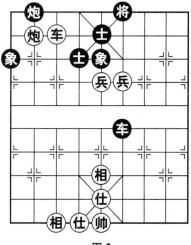

图 2

第113局　谢岿胜李智屏

（2008 年眉山道泉茶叶杯全国象棋明星赛）

1. 兵七进一	象 3 进 5	**2.** 炮八平六	卒 7 进 1
3. 马八进七	马 2 进 3	**4.** 车九平八	车 1 平 2
5. 炮二平五	马 8 进 7	**6.** 马二进三	马 7 进 6
7. 车一平二	炮 8 平 7	**8.** 车八进六	车 9 进 1

9. 仕四进五　车9平4

10. 车二进四　炮2退1

11. 兵三进一　卒7进1

12. 车二平三　车4进2？（图1）

13. 兵七进一！炮2平7

14. 车八进三　后炮进4

15. 车八退五　前炮退1

16. 兵七平八　卒3进1？

17. 车八平四　后炮进5

18. 炮六平三　车4进1

19. 兵八进一　炮7进5

20. 兵八平七　马3退2

21. 炮五进四　士4进5

22. 相七进五　马2进4

24. 炮九退一！卒3进1

26. 马七退八　马4进5

28. 炮三进四　车4平5

30. 车四进一　马7进5

31. 炮三平四　马5进3

32. 后炮平七　车5平3

33. 马六进八　车3进3

34. 马八进九　车3退4

35. 兵五进一　车3平5

36. 兵五进一！（图2）车5进1

37. 车四平六　车5退1

38. 炮四退四　士5进6

39. 相五退七　士6进5

40. 炮四平五　车5平7

41. 帅五平四　车7平6

42. 帅四平五　车6平7

43. 帅五平四　车7平6

45. 帅五平四　车7平6

47. 车六平八　象5退3

49. 车八平三　象3进5

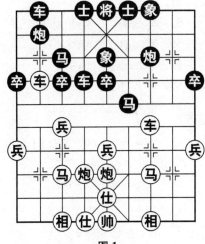

图1

23. 炮五平九　炮7平9

25. 炮九平四　卒3进1

27. 车四退二　马5退7

29. 马八进六　卒3平4

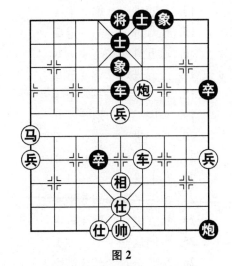

图2

44. 帅四平五　车6平7

46. 帅四平五　将5平6

48. 车八进三　车6进3

50. 马九进八　车6平1

51. 炮五平四　车1平6　　52. 马八进七　炮9平8

53. 车三平一　炮8退5　　54. 相七进五　炮8平5

55. 炮四退二　炮5平7　　56. 车一平八　象5退3

57. 车八进三　炮7平3　　58. 马七退六　象7进5

59. 马六进五　炮3平7　　60. 车八退六　车6进2

61. 车八平三

第114局　金波负洪智

（2011年句容茅山·碧桂园杯全国象棋个人赛）

1. 兵七进一　象3进5　　2. 炮八平六　卒7进1

3. 马八进七　马2进3　　4. 车九平八　车1平2

5. 炮二平五　马8进7　　6. 马二进三　马7进6

7. 车一平二　炮8平7　　8. 车八进六　车9进1

9. 车二进四　车9平4　　10. 仕四进五　炮2退1

11. 车二平四　车4进3　　12. 马七进六　车4进1

13. 车四进一　士4进5

14. 车四进一　炮2平4

15. 车八进三　马3退2

16. 炮五进四　炮4进6

17. 仕五进六　车4进2

18. 相三进五　车4退4

19. 车四平三　炮7平6

20. 兵一进一？将5平4

21. 仕六进五　炮6进2！（图1）

22. 兵七进一　卒3进1

23. 车三平四　炮6平4

24. 兵五进一　炮4进4

25. 车四退三　炮4平1

26. 车四平八　马2进3　　27. 兵五进一　马3进5

28. 兵五进一　车4平5　　29. 兵三进一？炮1进1

30. 车八退三　车5进4　　31. 马三进四　车5退2

32. 马四进三　炮1退1　　33. 车八进九　将4进1

34. 兵三进一　象5进7　　35. 车八退三　车5平4

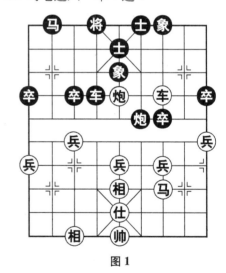

图1

36. 相七进五　炮 1 进 1
37. 仕五进四　车 4 退 3
38. 马三退五　车 4 进 7
39. 帅五进一　车 4 退 5
40. 马五退三　卒 1 进 1
41. 车八平一　将 4 退 1
42. 兵一进一　象 7 退 5
43. 车一平八　象 5 退 3
44. 马三进四　车 4 进 4
45. 帅五退一　车 4 退 2
46. 兵一平二　象 7 进 5
47. 马四退五　车 4 平 5
48. 车八平六　将 4 平 5
49. 马五进七　车 5 进 1
50. 帅五平六　车 5 平 6
51. 马七退五　车 6 进 2
52. 帅六进一　炮 1 平 2
53. 马五进四　炮 2 退 8
54. 兵二进一　车 6 平 7
55. 车六进二　炮 2 进 2
56. 马四退六　象 5 进 3
57. 车六退二　车 7 退 5！（图 2）

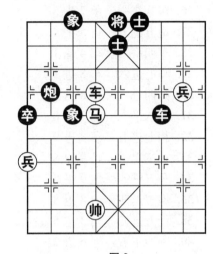

图 2

58. 马六退五　炮 2 退 1
59. 车六退一　车 7 进 4
60. 帅六退一　车 7 进 1
61. 帅六进一　车 7 平 5

第 115 局　柳大华胜于幼华

（2013 年第五届句容茅山·余坤杯全国象棋冠军邀请赛）

1. 兵七进一　象 3 进 5
2. 炮八平六　卒 7 进 1
3. 马八进七　马 2 进 3
4. 车九平八　车 1 平 2
5. 炮二平五　马 8 进 7
6. 马二进三　车 9 平 8
7. 车一平二　炮 8 进 1
8. 车二进四　炮 2 进 2
9. 车八进四　炮 8 平 7
10. 车二平四　车 8 进 8
11. 兵五进一　炮 7 进 3
12. 马三进五　车 8 平 7
13. 相三进一　车 7 平 8
14. 兵五进一！（图 1）炮 7 进 3
15. 仕四进五　炮 7 平 9
16. 帅五平四　士 4 进 5？
17. 兵五进一　卒 7 进 1
18. 相一进三　车 8 进 1
19. 帅四进一　车 8 退 3
20. 炮六进一　车 8 进 2

21. 帅四退一　车8进1

22. 帅四进一　车8退1

23. 帅四退一　车2平4？

24. 兵五进一！车4进6

25. 兵五进一　士6进5

26. 车八进一　象7进5

27. 炮五进五　将5平4

28. 车四平六！车4退1

29. 马七进六　车8进1

30. 帅四进一　车8退5

31. 车八平二　马7进8

32. 相七进五　马8进9

33. 相三退一　马9退8

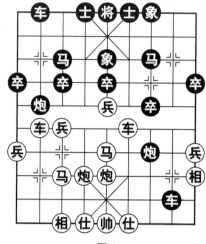

图1

34. 马五进四　炮9平8

35. 相一进三　马8退6

36. 炮五退四　炮8退8

37. 炮五平四　马6进4

38. 仕五进四　马3进5

39. 炮四平七　炮8平6

40. 帅四平五　炮6进2

41. 炮七退二　卒9进1

42. 帅五退一　卒9进1

43. 仕六进五　将4平5

44. 马四退五　马5进4

45. 马五进六　炮6平5

46. 炮七进五　卒9平8

47. 炮七平六　马4进3

48. 马六进四　马3退1

49. 兵七进一　马1退3

50. 炮六退二　马3进4

51. 帅五平四　马4退2

52. 炮六平八　炮5进3

53. 兵七平六　卒8进1

54. 仕五退六　马2退4

55. 相五进七　马4退6

56. 马四进三　将5平6

57. 仕四退五　炮5平6

58. 兵六平五　马6进7

59. 炮八退三　卒8进1

60. 马三退四　炮6平5

61. 仕五进四　马7进8

62. 帅四进一　卒8平7

63. 炮八平二　卒7进1

64. 帅四平五　卒7平8

65. 兵五进一　将6平5

66. 兵五进一！（图2）炮5退3

67. 兵五进一　将5平4

68. 马四退二　卒1进1

69. 马二进三

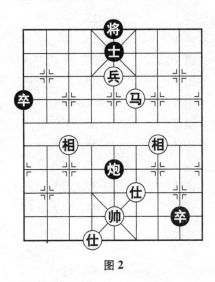

图2

第116局　陶汉明胜蒋川

（2002年宜春全国象棋个人赛）

1. 兵七进一　象3进5
2. 炮八平六　卒7进1
3. 马八进七　马2进3
4. 车九平八　车1平2
5. 炮二进四　马8进7
6. 马二进三　马7进6
7. 炮二平七　车9进1
8. 车一平二　炮8平7
9. 相三进五　车9平4
10. 仕四进五　车4进3
11. 车二进四　士4进5
12. 兵三进一　马6进7
13. 兵一进一　炮2进1
14. 车八进三　卒1进1？
15. 炮六进一！（图1）卒7进1
16. 车二平三　马7进9
17. 马七进六！车4平7
18. 车三进一　象5进7
19. 马三进四　马9进7
20. 帅五平四　炮7平6
21. 马四进六　炮2退2

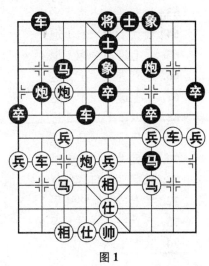

图1

22. 前马进八！ 炮2进1　　　23. 车八平七　卒5进1

24. 兵七进一　炮6进1　　　25. 兵七平六　卒5进1

26. 兵六进一！炮6退1　　　27. 兵五进一！马7退6

28. 帅四平五　马6退4　　　29. 车七进一　炮6进3

30. 炮七退一！象7退5　　　31. 炮七平五　马3进2

32. 兵六进一　马4退5　　　33. 车七进二　马2进4

34. 车七平六　士5进4　　　35. 马八进六　将5进1

36. 车六平八　炮6退2　　　37. 车八进一　车2进2

38. 马六进七　将5退1　　　39. 马七退八　士6进5

40. 马八退九　马5进3　　　41. 炮五平六　马4进2

42. 马九退八　马3进2　　　43. 后炮平一　马2进3

44. 炮六退四　马3退4　　　45. 炮一进三　炮6进3

46. 兵九进一　马4进2　　　47. 炮六进三　马2退1

48. 兵五进一　马1退3　　　49. 兵一进一　马3进2

50. 炮六退三　炮6平3　　　51. 兵一平二　马2进3

52. 仕五进六　炮3进3　　　53. 仕六进五　炮3平1

54. 帅五平四　炮1退5　　　55. 兵二进一　象5进3

56. 兵五平六　象7进5　　　57. 相五进七　马3进1

58. 炮一退四　马1退3　　　59. 炮一平五　马3退2

60. 兵二平三　象3退1　　　61. 兵三平四　象1退3

62. 兵四平五　象5退7

63. 兵五平六　将5平4

64. 前兵平七　炮1退2

65. 兵七进一　炮1退1

66. 炮五进三　士5进6

67. 兵七进一　士6退5

68. 兵六平七　士5进4

69. 后兵进一　马2退1

70. 后兵进一　马1进3

71. 后兵平六！（图2）马3退5

72. 兵七进一　将4平5

73. 兵六进一　马5退6

74. 兵七平六

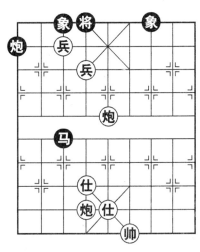

图2

146

第 117 局　程鸣胜杨德琪

（2007 年七斗星杯全国象棋甲级联赛弈于南京）

1. 兵七进一　象 3 进 5　　　　2. 炮八平六　卒 7 进 1

3. 马八进七　马 2 进 3　　　　4. 车九平八　车 1 平 2

5. 马二进三　马 8 进 7　　　　6. 炮二进四　马 7 进 8

7. 炮二平七　车 9 进 1　　　　8. 相三进五　炮 2 进 4

9. 仕四进五　车 2 进 3?

10. 车一平四　卒 9 进 1

11. 车八进二　车 9 平 2

12. 马七进六　士 4 进 5

13. 炮七平六!（图 1）前车进 2

14. 前炮退一　马 3 进 4

15. 炮六进三　马 8 进 7

16. 炮六平一　后车进 2

17. 车四进六　炮 2 平 3?

18. 车八进二　车 2 进 3

19. 车四平五　车 2 进 3

20. 马六进四!　车 2 平 4

21. 车五平六　车 4 退 5

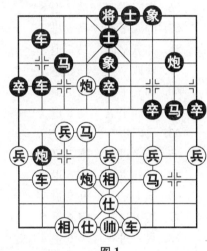

图 1

22. 马四进六　炮 3 进 1　　　　23. 仕五进六　炮 8 进 4

24. 马六退四　马 7 退 8　　　　25. 兵五进一　炮 3 退 1

26. 炮一进四　炮 3 平 6　　　　27. 兵一进一　卒 7 进 1

28. 兵一进一　马 8 退 6　　　　29. 炮一退三　炮 8 平 1

30. 炮一平九　马 6 进 4　　　　31. 兵五进一　马 4 进 3

32. 马三进五　炮 1 进 3　　　　33. 相五退三　炮 1 退 5

34. 马四进二　卒 7 平 6　　　　35. 马五进六　马 3 退 5

36. 马二进三　将 5 平 4　　　　37. 马六进七　将 4 进 1

38. 马七进八　将 4 退 1　　　　39. 炮九进三　象 5 退 3

40. 马八退七　将 4 进 1　　　　41. 马七退五　象 7 进 5

42. 马三退五!（图 2）马 5 进 6　　43. 帅五进一　马 6 进 7

44. 帅五平四　将 4 进 1　　　　45. 前马退三　象 3 进 5

46. 马五进七　炮 6 平 3　　　　47. 炮九退二　将 4 退 1

48. 马七进八　将4进1
49. 马三退四　象5退3
50. 炮九平八　将4退1
51. 兵一进一　将4退1
52. 炮八平二　士5进4
53. 马八退七　将4平5
54. 马七退六　炮3平6
55. 兵五进一　士6进5
56. 炮二平三　马7退8
57. 帅四平五　马8进7
58. 帅五平四　马7退8
59. 帅四平五　马8进7
60. 帅五平四　马7退8
61. 帅四平五　马8退7

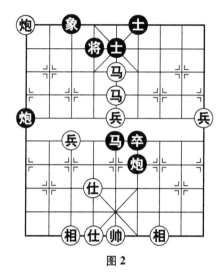

图2

63. 马四进三　马7进9
65. 马六进八　炮1平4
67. 马八进六　炮6退4
69. 炮七平九　马9进7
71. 相七进五　将6平5
73. 兵一进一　马6进4
75. 马六退四

62. 兵五平六　将5平6
64. 炮三进二　炮1退3
66. 兵六进一　士5进4
68. 炮三平七　炮6平7
70. 帅五退一　马7退5
72. 仕六进五　马5退6
74. 兵一平二　炮7退1

第118局　卜凤波负傅光明

(1992年北京全国象棋个人赛)

1. 兵七进一　象3进5
3. 马八进七　马2进3
5. 马二进三　马8进7
7. 仕四进五　车9进1
9. 相三进五　卒9进1
11. 相五进三　车9平7
13. 马三进四　车7平6
15. 兵一进一　卒9进1
17. 仕五退四　车8平7

2. 炮八平六　卒7进1
4. 车九平八　车1平2
6. 炮二进四　马7进8
8. 炮二平七　炮2进6
10. 兵三进一　卒7进1
12. 相三退五　车7进3
14. 马四进二　车6平8
16. 车一进四　士4进5
18. 车一平二　炮8平9

19. 仕六进五　炮9进7

20. 车二退四　炮9退1

21. 车二平三　车7平2

22. 车三进三?（图1）后车进3

23. 马七进六　炮2退3

24. 马六退七　炮2进3

25. 马七进六　炮2退3

26. 马六退七　炮2进1!

27. 车三退二　炮9进1

28. 车三退一　炮9退4

29. 车三进四　炮9进4

30. 车三退四　炮9退3

31. 马七进六　炮2进1

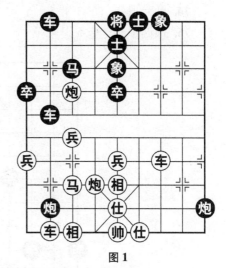

图1

32. 炮六退二　炮9平1

33. 车八平九　炮1退2

34. 车九进四　炮2退2!

35. 马六退七　后车平3

36. 马七进八　车3平2

37. 马八退七　前车进2

38. 马七进六　前车平5

39. 马六进四　车5平6

40. 马四进二　炮1平7

41. 兵七进一　卒5进1

42. 车九平二　车2平7

43. 马二退一　车7平5

44. 车二进二　车6退1

45. 车二平五　马3进5

46. 马一进三　马5进7

47. 兵七平六?　卒5进1

48. 兵六平五　车6进1

49. 炮六进二　卒1进1

50. 车三进四　卒5平6

51. 车三退二　车6平4

52. 兵五平四　马7进6

53. 相五退三　车4平3

54. 相七进五　卒1进1

55. 车三进四　车3平4

56. 炮六平七　卒1平2

57. 炮七进四　卒6平5

58. 车三退二　车4平1

59. 炮七退五　卒5平4

60. 帅五平六?　卒2进1

61. 相五退七　卒2进1

62. 相三进五　卒2平3

63. 炮七平八　卒3进1

64. 炮八进一　车1进2!（图2）

65. 相五进七　卒3平4

66. 帅六平五　后卒平3

67. 炮八平四　卒3平4

68. 车三进二　象5进3

69. 车三平八　车1进1

70. 仕五退六　前卒进1

71. 帅五平六　车1平3

72. 帅六进一　车3退2

73. 仕四进五　车3进1

74. 帅六退一　车 3 平 5　　　　**75.** 车八退四　卒 4 进 1

76. 炮四平五　士 5 退 4

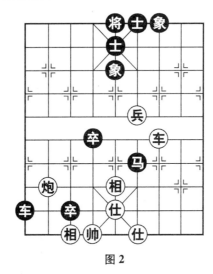

图 2

第 119 局　卜凤波负陶汉明

（2006 年启新高尔夫杯全国象棋甲级联赛弈于哈尔滨）

1. 兵七进一　象 3 进 5　　　　**2.** 炮八平六　卒 7 进 1

3. 马八进七　马 2 进 3　　　　**4.** 车九平八　车 1 平 2

5. 炮二平五　马 8 进 7

6. 马二进三　马 7 进 6

7. 车一平二　炮 8 平 7

8. 车二进四　卒 7 进 1

9. 车二平三　车 9 平 8

10. 马七进六　炮 7 进 4

11. 相三进一　马 6 进 4

12. 车三平六　炮 2 进 6

13. 仕四进五　车 8 进 4

14. 车六进二　士 6 进 5

15. 车六平七　炮 2 平 3

16. 车七平八　车 2 进 3

17. 车八进六　车 8 进 1

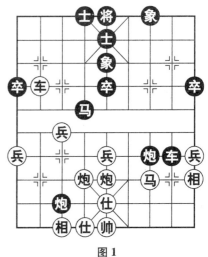

图 1

18. 炮六进一　车 8 进 1

19. 炮六退一　马 3 进 4!（图 1）

20. 车八平五　炮 7 平 1

21. 炮六平八　马 4 退 3

22. 车五平六　炮 1 平 3

23. 炮五平七　车 8 退 2

24. 炮八进四　马 3 进 4

25. 兵七进一?　前炮平 4

26. 炮七平六　马 4 进 6!

27. 炮六进七　炮 4 平 3

28. 仕五退四　后炮进 3

29. 仕六进五　马 6 进 7

30. 炮八进三　象 5 退 3

31. 炮六退一　士 5 退 4

32. 车六平五　将 5 平 6

33. 车五平四　将 6 平 5

34. 车四平五　将 5 平 6

35. 车五平三　象 7 进 5

36. 车三退四　车 8 平 3

37. 炮六平八　前炮平 1

38. 车三平九　车 3 平 1

39. 车九进三　卒 1 进 1

40. 帅五平六　炮 3 进 1

41. 帅六进一　炮 3 退 8

42. 后炮退六　炮 3 平 5

43. 相一进三　炮 1 退 3

44. 后炮平一　炮 1 平 9

45. 炮一进四　炮 5 进 5

46. 炮八平六　卒 1 进 1

47. 炮六退五　炮 5 退 3

48. 炮一平四　卒 1 平 2

49. 相三退五　炮 5 平 4

50. 炮六平四　将 6 平 5

51. 帅六退一　炮 9 平 4

52. 帅六平五　后炮平 5

53. 帅五平六　卒 2 平 3

54. 前炮平二　炮 5 平 4

55. 帅六平五　前炮平 5

56. 炮四平五　将 5 平 4

57. 炮二退二　炮 4 平 9

58. 炮二平一　炮 9 平 7

59. 炮一平三　象 5 进 3

60. 炮五进二　炮 7 退 2

61. 炮五平六　炮 7 平 4

62. 炮六平五　前炮退 2

63. 炮三平二　前炮平 7

64. 相五退三　炮 7 退 2

65. 炮二进一　炮 7 平 9

66. 炮二平六　炮 9 进 7

67. 炮六退四　卒 3 进 1

68. 炮五退四　炮 5 平 8

69. 仕五进六　将 4 平 5

70. 炮六平五　将 5 平 6

71. 前炮平四　将 6 平 5

72. 炮四平五　将 5 平 6

73. 后炮平四　将 6 平 5

74. 炮四平五　将 5 平 6

75. 后炮平四　将 6 平 5

76. 炮四平二　卒 3 平 4

77. 仕六退五　将 5 平 4

78. 炮五平一　象 3 进 5

79. 炮二进五　卒 4 平 3

80. 仕五进四　炮 8 平 5!（图 2）

81. 炮二退六?　卒 5 平 6

82. 仕四进五　卒 6 进 1

83. 帅五平四　炮 5 进 7

84. 炮一退一　炮 5 退 5

85. 帅四平五　卒 6 进 1

86. 炮一进三　象5进7!　　　　　**87.** 炮一平六　将4进1

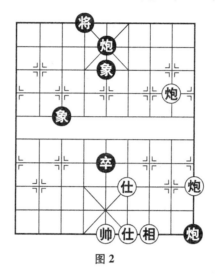

图2

第120局　李来群胜林宏敏

（1987年蚌埠全国象棋个人赛）

1. 兵七进一　象3进5　　　　**2.** 炮八平六　卒7进1

3. 马八进七　马2进3　　　　**4.** 车九平八　车1平2

5. 炮二平五　马8进7　　　　**6.** 马二进三　车9平8

7. 车一平二　炮8进1

8. 车二进四　炮2进2

9. 车八进四　炮8平7

10. 车二进五　马7退8

11. 相三进一　马8进7

12. 兵三进一!（图1）卒7进1

13. 相一进三　炮7进4

14. 炮六平三　马7进8

15. 兵一进一　士4进5

16. 炮三平一　马8进9

17. 仕四进五　炮2平5

18. 炮五进三　卒5进1

19. 相七进五　卒3进1

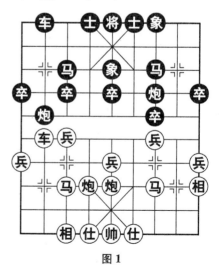

图1

20. 兵七进一　车2进5	21. 马七进八　象5进3
22. 马八进七　马9进7	23. 仕五进四!　马7退6
24. 炮一进四　马6进4	25. 仕六进五　马3进5
26. 兵一进一　象3退5	27. 马七进九　马5进3
28. 马九进七　将5平4	29. 炮一进三　将4进1
30. 帅五平六　卒5进1	31. 兵五进一　马3进5
32. 马七退九　将4退1	33. 马九退七　象5退3
34. 马七进八　将4平5	35. 马八退九　马5退3?
36. 马九进七　马4退2	37. 帅六平五　马2进3
38. 马七退八　前马退4	39. 马八退七　马3退2
40. 兵一平二　马2进4	41. 炮一退四　象3进5
42. 兵九进一　后马退2	43. 马七进五　马4退5
44. 马五进四　马5进3	45. 炮一退一　士5进6
46. 兵二平三　马2进4	47. 兵九进一　象7进9
48. 兵三平二　士6进5	49. 兵九进一　马4退3
50. 炮一进二　象5退3	51. 相五进七　将5平4
52. 仕五进六　后马进5	53. 帅五进一　马5退3
54. 帅五退一　后马进5	55. 仕四退五　马5退3
56. 仕五退四　后马进5	57. 相七退九　马5退3
58. 炮一退五　象3进5	59. 炮一平九　将4平5
60. 马四退六　前马进2	61. 炮九平六　马2进4
62. 马六进七　马4退5	63. 相三退五　马5进7
64. 相五进三　马7退5	65. 炮六平七　象5进3
66. 相九进七　马3进5	67. 马七退五　后马进3
68. 马五退七　马5退3	69. 炮七进四　马3进5
70. 相七退五　马5进4	71. 炮七退一　象9退7
72. 兵九平八　象7进5	73. 帅五平六　马4退3
74. 兵八平七　士5进4	75. 兵二进一　士6退5
76. 兵二平三　将5平6	77. 炮七平四　将6平5
78. 相五进七　马3进5	79. 仕四进五　马5退3
80. 炮四退四　象5退3	81. 炮四平五　将5平6
82. 帅六进一　马3进1	83. 帅六进一　马1进2
84. 相七退九　马2退4	85. 兵七平六　马4退6
86. 兵三平四　马6退4	87. 兵四平三　马4进3

88. 相九进七　马3进2　　89. 帅六平五　马2退3

90. 帅五平六　马3退1　　91. 相三退五　马1进3

92. 相五退七　马3进2　　93. 帅六平五　马2退3

94. 帅五平六　马3退1　　95. 相七进九　马1进3

96. 兵六平七　马3退1　　97. 兵三平四　马1进3

98. 兵四平五　马3退1　　99. 兵五平六　马1退3

100. 帅六退一　马3进1　　101. 炮五平四　马1进2

102. 帅六进一　马2退4　　103. 炮四平六　马4退3

104. 炮六平四　马3进5　　105. 帅六退一　象3进5

106. 相七退五　马5进3　　107. 帅六退一　将6平5

108. 炮四平五　将5平6　　109. 仕五进四　象5退3

110. 炮五进一　象3进1　　111. 帅六平五　象1退3

112. 炮五平七　象3进1

113. 相五进七　马3退5

114. 帅五进一　马5进7

115. 炮七退一　马7进8

116. 兵七平八！（图2）将6平5

117. 兵六进一　马8退6

118. 兵六进一　马6退4

119. 帅五进一　马4退6

120. 帅五退一　马6进4

121. 帅五进一　马4退6

122. 帅五退一　马6退4

123. 兵八平七　马4退5

124. 兵七平六　象1退3

125. 炮七进九

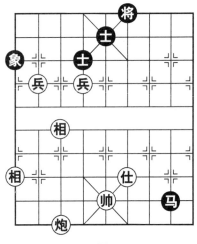

图 2

第三章　炮八平五

第121局　孟立国负胡荣华

（1977年太原全国象棋个人赛）

1. 兵七进一　象3进5
2. 炮八平五（图1）马8进7
3. 马八进七　卒7进1
4. 车九平八　马2进4
5. 马二进三　马7进6
6. 车一进一　炮8平7
7. 车一平四　马6进7
8. 车四进七　士4进5
9. 炮五平四　车9进2
10. 炮二进四　炮7平6
11. 马七进六　车1进1
12. 炮四平六　车9平8
13. 炮二平三　卒7进1
14. 马六进四　卒7平6

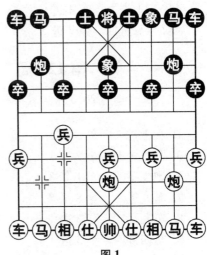

图1

16. 炮三平四？马7退8
18. 相七进五　车7退3
20. 仕六进五　车7平9
22. 炮六进四　炮2进2
24. 炮二进一　车1进1
26. 炮六退六　前车平7！（图2）
28. 仕五进六　马4进2
30. 车八进五　车3平5

15. 马四进五　车8平7
17. 炮四平七　车7进5
19. 炮七平一　马8退9
21. 炮一平二　车9平8
23. 兵七进一　车8平3
25. 车四平一　车1平3
27. 炮二进二　马9退7
29. 车一平三　车7退3
31. 车八平四　车5平3

32. 车四退一　炮6平5
33. 仕四进五　炮5进4
34. 车四平五　炮5进2
35. 仕六退五　车7平8
36. 炮二平一　车8平9
37. 炮一平二　车3平8
38. 车五平八　车9进1
39. 炮六平八　车8退2
40. 炮八进七　车8进8
41. 炮八进二　车9平4
42. 车八平七　将5平4
43. 车七进五　将4进1
44. 车七退九　车4进6
45. 仕五进四　象7进5

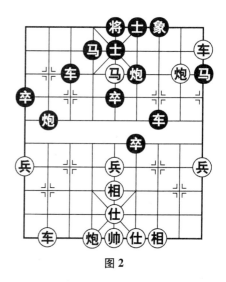

图2

第122局　李雪松胜徐崇峰

(2013年秀容御苑杯象棋公开赛弈于吕梁)

1. 兵七进一　象3进5	2. 炮八平五　马8进7
3. 马八进七　卒7进1	4. 马二进一　马2进4
5. 炮二平三　车1平3	6. 车一平二　马7进6?（图1）

7. 车九进一　炮8平7
8. 车九平四　卒3进1
9. 车四进四　卒3进1
10. 车二进八　士4进5
11. 车四平六　车3进1
12. 兵五进一!　卒3进1
13. 马七进五　炮2进4
14. 马五进七　车3进4
15. 车六进三　车3平5
16. 炮三退一　炮7进4
17. 马一进三　炮2平7
18. 炮三平八　车9进2
19. 炮八进七!（图2）车9平6

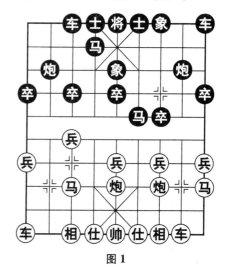

图1

20. 炮八平五　车 6 进 1

21. 车六平八

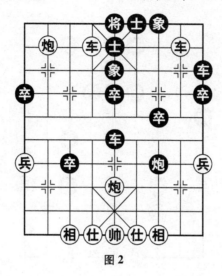

图 2

第 123 局　杨德琪胜朱琮思

（2007 年鄞州杯全国象棋大师冠军赛弈于宁波）

1. 兵七进一　象 3 进 5

2. 炮八平五　马 2 进 4

3. 车九进二　马 8 进 7

4. 马二进一　卒 7 进 1

5. 车一进一　士 6 进 5

6. 车一平四　车 1 平 2

7. 车四进七　炮 2 平 4?（图 1）

8. 马八进七　卒 9 进 1

9. 炮五平六　车 2 进 1

10. 相七进五　车 9 进 3

11. 炮二平四　马 4 退 2

12. 车九平八　车 2 进 6

13. 炮六平八　卒 5 进 1

14. 马一退三　车 9 平 4

15. 仕四进五　马 7 进 8

16. 炮四平一　炮 8 平 6?

17. 车四平二　马 8 进 7

18. 炮一进三　车 4 进 3

19. 炮一平五　车 4 平 3?

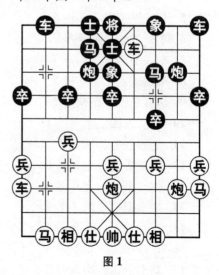

图 1

20. 炮八进六！（图2）炮 4 进 1　　**21.** 车二平四！炮 6 平 8

22. 炮八平七

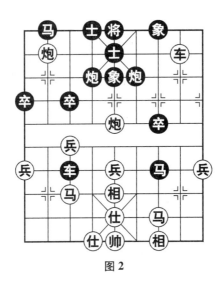

图 2

第 124 局　董春华负陈翀

（2004 年大江摩托杯全国象棋个人赛弈于璧山）

1. 兵七进一　象 3 进 5　　**2.** 炮八平五　马 8 进 7

3. 马八进七　卒 7 进 1　　**4.** 车九平八　马 2 进 4

5. 马二进三　马 7 进 6

6. 车一进一　炮 8 平 7

7. 车一平四　马 6 进 7

8. 车四进七　士 4 进 5

9. 炮五平四　车 9 进 2

10. 炮二进四　卒 7 进 1

11. 炮四进七！（图1）车 1 进 1

12. 炮二进二　士 5 退 6

13. 炮二平六　士 6 进 5

14. 炮六退一　炮 7 平 4?

15. 车八进七　车 9 平 6

16. 车四平三　车 6 进 5

17. 马七进六?　炮 4 退 2

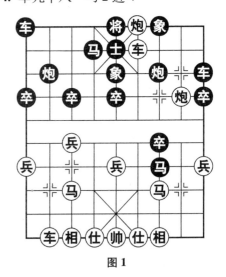

图 1

18. 车三退四　车6平7　**19.** 相七进五　车1平4

20. 马六进四　炮4进9　**21.** 仕四进五　炮4平7

22. 马四进五?　象7进5　**23.** 车八平五　炮7平6!（图2）

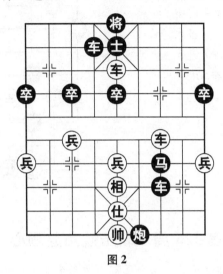

图2

第125局　杨德琪胜尚威

（2007年鄞州杯全国象棋大师冠军赛弈于宁波）

1. 兵七进一　象3进5　　　　**2.** 炮八平五　马2进4

3. 车九进二　炮2退2

4. 马二进三　马8进7

5. 兵五进一　车1进2

6. 车九平六　马4进2

7. 马八进七　马2进1?（图1）

8. 兵五进一　马1进2

9. 车六进一　车1平2

10. 马三进五　卒3进1

11. 兵五进一　卒3进1

12. 车一进一　士4进5

13. 兵五进一　炮8平5

14. 炮五进五　象7进5

15. 炮二平五　炮2平3

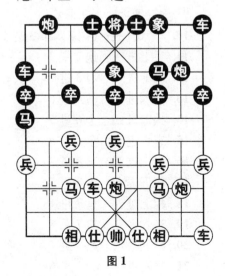

图1

16. 马五进四！ 炮 3 进 7
17. 马四进五！（图2） 车 2 平 5
18. 车六平八 炮 3 平 4
19. 车八进六 炮 4 退 7
20. 车一平六 车 5 进 5
21. 相三进五 马 7 进 5
22. 车六进五 马 5 进 7
23. 相五进七 马 7 进 5
24. 车六退二

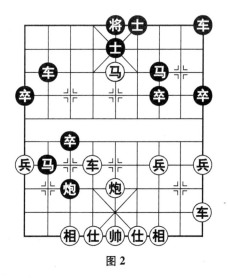

图 2

第 126 局　靳玉砚负赵顺心

（2009年第一届全国智力运动会弈于成都）

1. 兵七进一 象 3 进 5	2. 炮八平五 卒 7 进 1
3. 马八进七 马 8 进 7	4. 车九平八 马 2 进 4
5. 马二进三 马 7 进 6	6. 车一进一 车 9 进 1
7. 车一平六 炮 8 平 7	8. 车六进四 马 6 进 7

9. 炮五平六 车 9 平 8

10. 车八进一？（图1） 卒 3 进 1

11. 兵七进一 炮 2 平 3

12. 马七进六 炮 3 进 7

13. 仕六进五 马 4 进 6

14. 兵七进一 士 6 进 5

15. 车六进一 车 8 进 4

16. 相三进五？ 车 8 进 2

17. 相五退七 车 8 平 7

18. 相七进五 车 7 进 1

19. 车六平五 炮 7 平 8

20. 帅五平六 炮 8 进 7

21. 帅六进一 车 7 平 6

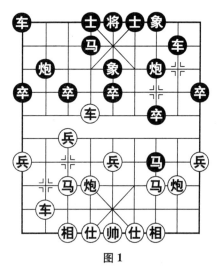

图 1

22. 炮六平八　车1平2　　　　23. 炮八进四　马7进8！（图2）
24. 帅六进一　马8进6

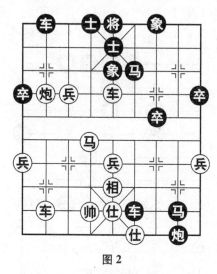

图2

第127局　洪智胜阎文清

（2012年伊泰杯全国象棋甲级联赛弈于呼和浩特）

1. 兵七进一　象3进5　　　　2. 炮八平五　马8进7
3. 马八进七　卒7进1　　　　4. 马二进一　马2进4
5. 车九进一　车1平3
6. 车九平六　车9进1
7. 车六进六　卒3进1
8. 兵三进一　卒7进1
9. 炮二平三　马7进8！（图1）
10. 炮五进四　士6进5
11. 车六进一　马8进6
12. 炮三平五　车9平6
13. 前炮退二　卒3进1
14. 仕四进五　卒3进1
15. 马七退九　卒7进1！
16. 车六退二　车3进4
17. 后炮平九　炮8进4

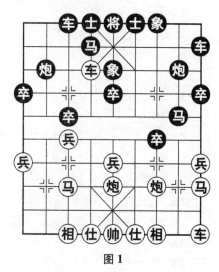

图1

18. 相三进五	炮8平5	**19.** 车一平四	车3平6
20. 炮九进四	炮2平1	**21.** 车六平三	后车退1
22. 炮九平八	炮1平2	**23.** 炮八平七	炮2平3?（图2）
24. 车三退三！	卒3平4	**25.** 车三平四	

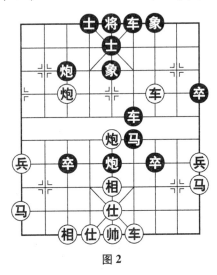

图2

第 128 局　才溢胜蔚强

（2009 年西联钢铁杯第二届中国西部象棋精英赛弈于成都）

1. 兵七进一　象3进5

2. 炮八平五　马8进7

3. 马八进七　马2进4

4. 马二进三　卒7进1

5. 车九平八　车9进1

6. 车一进一　车1平3

7. 车一平六　卒3进1

8. 兵七进一　车3进4

9. 车六进一　车3退4

10. 炮二退一　马7进6

11. 炮二平六！（图1）车3进1

12. 炮六平七！车3平1?

13. 车六进三　马6进7

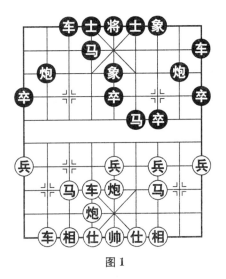

图1

14. 炮五平六　炮2平3
15. 炮七平六　炮3退2?
16. 马七进六　车9平6
17. 车六进三　车1平4
18. 前炮进六　车6进6
19. 马三退一　炮3进4
20. 仕六进五　炮3平5
21. 后炮平七　炮8进7
22. 马六退五!（图2）车6退2
23. 炮七进八　士4进5
24. 炮七平九　将5平4
25. 炮六平七

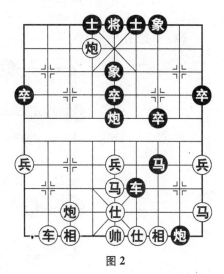

图2

第129局　王天一负黄仕清

（2010年迎省运惠州华轩桃花源杯象棋公开赛弈于惠州）

1. 兵七进一　象3进5
2. 炮八平五　马8进7
3. 马八进七　车9进1
4. 车九平八　马2进4
5. 马二进三　车1平3
6. 车一进一　卒3进1
7. 兵七进一　车3进4
8. 车一平六　车3进3?（图1）
9. 炮五进四　马4进5
10. 炮二平七　车9平3
11. 炮七平九　炮2平1
12. 车六平二　炮8平9
13. 车二进三　车3进5
14. 炮九进四　马5进3
15. 炮九平四　马3进4
16. 炮四退五　马7进5
17. 相七进五?马4进3
18. 帅五进一　马3退5!（图2）
19. 车八进二　前马进3
20. 炮四平七　车3进2
21. 帅五退一　车3平6

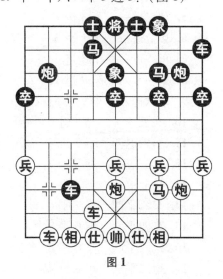

图1

22. 兵五进一　车6退2　　　**23.** 兵五进一　马5进3

24. 车二平六　象5退3　　　**25.** 车八平六　士6进5

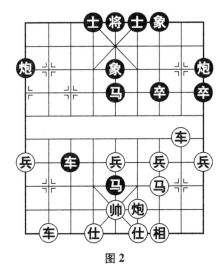

图 2

第 130 局　卜凤波胜龚晓民

（1998 年迈特兴华杯全国象棋大师冠军赛弈于北京）

1. 兵七进一　象3进5　　　**2.** 炮八平五　卒7进1

3. 马八进七　马8进7　　　**4.** 车九平八　马2进4

5. 马二进一　卒3进1

6. 兵七进一　车1平3

7. 车一进一　车3进4

8. 车一平六　车9进1

9. 车六进六　车9平5！（图1）

10. 兵五进一　马7进6

11. 车六退四　卒7进1

12. 兵三进一　炮8平7

13. 马七退五　车5平6

14. 车六平四　炮7平6

15. 车四平六　炮6平7

16. 车六平四　车6平8

17. 炮二平三　车8进7？

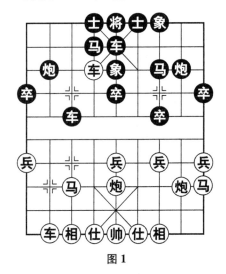

图 1

18. 兵三进一　马6退4
19. 车八进四　炮7进5
20. 车八平六　前马进5
21. 车六平五　车3平7?
22. 车四进五!（图2）马4进6
23. 马五进三　车7进3
24. 车五进二　士4进5
25. 车五进一　将5平4
26. 车五平八　车7平9
27. 车八进二　将4进1
28. 车八退四

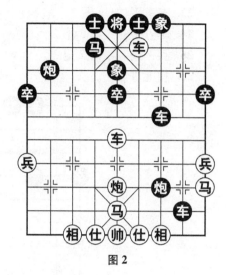

图2

第131局　肖革联胜龙龚

（2006年西乡引进杯全国象棋个人赛弈于深圳）

1. 兵七进一　象3进5
2. 炮八平五　马8进7
3. 马二进一　马2进4
4. 车一进一　车1平3
5. 车一平六　车9进1
6. 车九进二　炮8进4
7. 兵三进一　马4进6?（图1）
8. 炮五进四　士6进5
9. 车六进四　卒7进1
10. 炮二平五　炮8退2
11. 车六退一　车9平8
12. 车九平八　炮2进2?
13. 车六平四　马6进5
14. 车四进三!　马5进7
15. 车四平三　马7进6
16. 帅五进一　将5平6
17. 车三退一　炮2平6
18. 前炮平四　炮6平5
19. 车三退一　炮8平9
20. 马一进三　炮5进3
21. 车八平五　马6退8

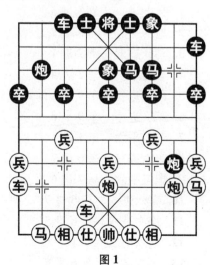

图1

165

22. 车三平二！（图2）车8进3　　23. 马三进二　马8进7

24. 车五平三　车3平2　　25. 炮四退五　车2进9

26. 兵一进一　车2退3　　27. 车三退一　车2平5

28. 相七进五

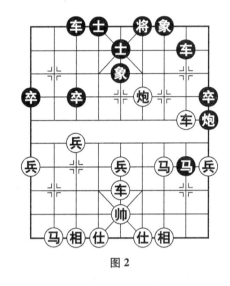

图2

第 132 局　汪洋胜于幼华

（2007 年七斗星杯全国象棋甲级联赛弈于厦门）

1. 兵七进一　象3进5

2. 炮八平五　马8进7

3. 马八进七　卒7进1

4. 车九平八　马2进4

5. 马二进三　车9进1

6. 车一进一　车9平6

7. 车一平六　车1进1

8. 车六进三　车6进7

9. 炮五平六　马7进6

10. 车六进一　马6进7?（图1）

11. 炮六进六　士6进5

12. 炮六退二　车1平4

13. 车六退三　车6平8

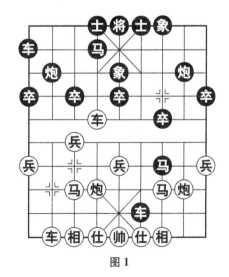

图1

14. 炮六平一　车4平3　　　15. 炮一进三　士5退6

16. 炮一平二!　车8平7　　16. 车六平四　士4进5

18. 马七进六　卒3进1

19. 后炮进四　卒3进1

20. 马六进七　车3进1

21. 相七进五　车7平8

22. 相五进七　卒7进1

23. 相七退五　马7进9

24. 马三进二!（图2）马9进7

25. 车四退一　卒7平8

26. 后炮退五　马7退8

27. 马七退六　车3平4

28. 马六进四　炮8平6

29. 马四退二　车4进5

30. 车四进六

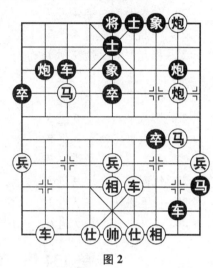

图2

第133局　郑惟桐负洪智

（2012年第五届杨官璘杯全国象棋公开赛弈于东莞）

1. 兵七进一　象3进5　　　2. 炮八平五　马8进7

3. 马八进七　马2进4　　　4. 马二进三　车1平3

5. 车一进一　卒3进1

6. 兵七进一　车3进4

7. 车一平六　车9进1

8. 车九平八　炮8平9

9. 车六进五　车9平8

10. 马七进六　炮2平3

11. 相七进九　炮9退1

12. 炮二平一　卒7进1

13. 炮五平六　炮3退2

14. 炮一退一　车3进4

15. 车八进五　车3平7

16. 相三进五　车8进6

17. 兵三进一!（图1）士4进5

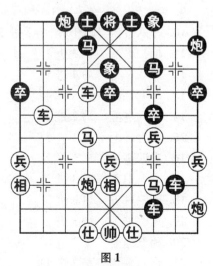

图1

167

18. 兵三进一　炮3平4

19. 车六平九　车7平9

20. 马六退四　炮4进7

21. 马四退二　炮4平7

22. 相九退七　炮9平7

23. 兵三进一　后炮进2

24. 车九进三？士5退4

25. 车八平六　士6进5

26. 车六进三？车9平8

27. 马二进三　前炮平9！（图2）

28. 仕四进五　炮9进2

29. 仕五进四　炮7进1

30. 车九退三　马7进6

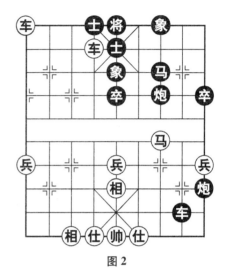

图2

第134局　赵国荣负柳大华

（2011年第一届重庆黔江杯全国象棋冠军争霸赛）

1. 兵七进一　象3进5

2. 炮八平五　马8进7

3. 马八进七　马2进4

4. 马二进三　卒7进1

5. 车一进一　车9进1

6. 车九平八　马7进6

7. 炮五平六　炮8平7

8. 相七进五　车9平8

9. 炮二退一　炮2平3

10. 车八进四？（图1）卒3进1

11. 炮二平八　卒3进1

12. 车八平七　马4进2

13. 车七平四　车8平4

14. 仕六进五　马2进3

15. 相五进七　车4进5！

16. 车四进一　车1平2

17. 马七退六　炮3进3

18. 相三进五　炮3进3

19. 车一进一　炮3进1

20. 相五退七　车2进8

21. 炮六平四　车2进1！

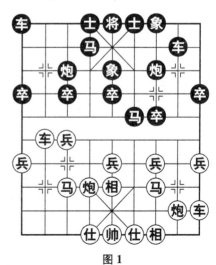

图1

22. 炮四进一　车4退1
23. 相七进五　士4进5
24. 炮四退二?　马3进2
25. 兵三进一　卒7进1
26. 相五进三　车4平7
27. 车四退三　炮7进2!（图2）
28. 仕五进六　马2进3
29. 炮四平六　炮7平5
30. 仕四进五　车2平4!

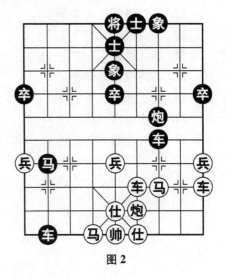

图 2

第135局　金松负蔚强

（2009年浩坤杯全国象棋个人赛弈于昆明）

1. 兵七进一　象3进5
2. 炮八平五　马2进4
3. 马二进三　车1平3
4. 车一进一　卒3进1
5. 兵七进一　车3进4
6. 车一平六　马4进6
7. 马八进七　士6进5
8. 车九平八　炮2平4
9. 马七进八　马8进9
10. 车六进四!（图1）车3平4
11. 马八进六　炮8平7
12. 炮二进二　车9平8
13. 炮二平八!　车8进4
14. 炮五进四　将5平6
15. 炮五平四　将6平5
16. 马六进八　车8平3
17. 炮四平九　炮4平1
18. 相七进五　炮7退1
19. 兵九进一?　车3平2
20. 马八进九　车2退3!
21. 兵三进一　炮1平3

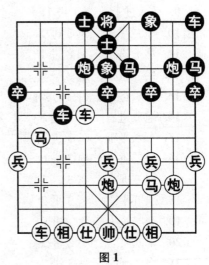

图 1

22. 马三进四　车2平1
23. 兵九进一　炮3退2
24. 炮八进五　卒7进1
25. 马四进六　卒7进1
26. 兵五进一　卒7进1
27. 车八进六　马6进7
28. 马六进四　马7进6
29. 马四进三　马9退7
30. 仕四进五　士5进4!（图2）
31. 帅五平四　卒7进1

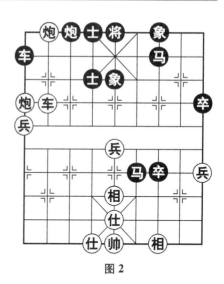

图2

第136局　肖革联负张申宏

（2010年石家庄藏谷私藏杯全国象棋个人赛）

1. 兵七进一　象3进5
2. 炮八平五　马8进7
3. 马二进一　马2进4
4. 车一进一　车9进1
5. 车一平六　车9平6
6. 车九进二　炮2平3
7. 车九平六　马4进2
8. 前车平八　车1进2
9. 马八进七　卒7进1
10. 炮二平三　卒3进1
11. 马七进八　炮8进1
12. 兵三进一　炮8平7
13. 车六进六!（图1）车6平3
14. 炮三进三　士6进5
15. 车六平七　车3进1
16. 炮三进二　炮7进6
17. 炮三退七　卒3进1
18. 炮五平二?　卒3平2
19. 炮二进七　象7进9
20. 车八平二　马2进3
21. 炮二平一　马3进2

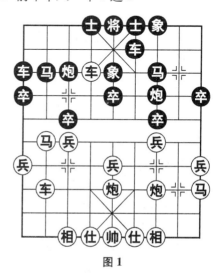

图1

22. 炮三平二　象5退3
23. 仕四进五　车3平6
24. 仕五进四　车1平3
25. 仕六进五　士5进4!（图2）
26. 车二进七　将5进1
27. 车二退一　将5进1
28. 炮二进七　车6退2
29. 车二平一　车3进7
30. 仕五退六　象9进7
31. 兵三进一　车6进7
32. 马一进三　马2进4

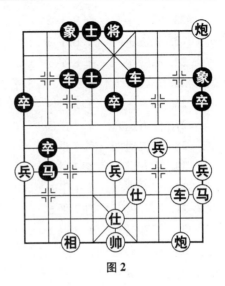

图2

第137局　许银川胜聂铁文

（2010年楠溪江杯全国象棋甲级联赛弈于永嘉）

1. 兵七进一　象3进5
2. 炮八平五　马8进7
3. 马八进七　卒7进1
4. 马二进一　马2进4
5. 炮二平三　车1平3
6. 车一平二　炮8平9
7. 车九进一　卒3进1
8. 车九平六　车9进1
9. 兵三进一　卒7进1
10. 车六进六（图1）卒3进1
11. 炮三进五　士4进5
12. 车六进一　炮2平7
13. 兵五进一　车9平6
14. 炮五进四　车6进2
15. 车六退二　卒7平6?
16. 兵五进一　卒6进1
17. 仕六进五　卒3进1
18. 马七退九　卒9进1
19. 相七进五　炮9进1
20. 车二进四　卒1进1
21. 兵一进一!　卒9进1

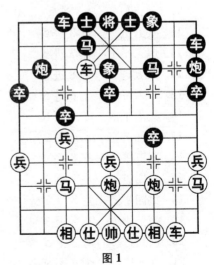

图1

22. 车二平一　炮9平5？
23. 兵五进一　车6平8
24. 车一平二　车8平7
25. 车二平五！（图2）车3平2
26. 马一进二　车2进9
27. 仕五退六　车7进5
28. 马二退四　车7平1
29. 兵五进一　象7进5
30. 车五进三　车1平6
31. 马四进五　炮7平6
32. 相五退七！车2退5
33. 车六平七

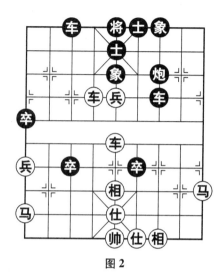

图2

第138局　党斐胜盖明强

（2007年锦州杯全国象棋团体赛）

1. 兵七进一　象3进5
2. 炮八平五　马2进4
3. 马二进一　卒3进1
4. 兵七进一　车1平3
5. 车一进一　车3进4
6. 车一平六　马4进3
7. 马八进七　马8进7
8. 车九平八　炮2平3
9. 车八进六　马3进5？（图1）
10. 兵五进一　炮3进5
11. 炮二平七　车3进3
12. 兵五进一　炮8进1
13. 车六平四！士6进5
14. 兵五平四　车9平8
15. 车四进三　车3进2？
16. 炮五平二！车8平9
17. 兵四进一　炮8进1
18. 兵四平三　炮8平7？
19. 相三进五　车3退3
20. 前兵进一　车3平5
21. 帅五进一　炮7平9

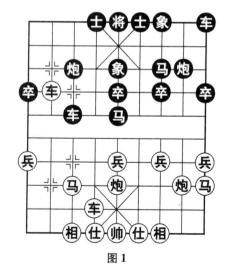

图1

22. 炮二进一　车 5 退 2

23. 马一退三　车 5 平 3

24. 帅五退一　炮 9 平 7

25. 马三进四　车 3 平 5

26. 马四进六　车 9 平 8

27. 炮二进四！（图2）车 5 进 2

28. 马六进四　车 5 进 1

29. 仕四进五　车 5 平 7

30. 车八平五　车 7 退 1

31. 车四平二　车 7 进 3

32. 仕五退四　象 5 退 3

33. 马四进六

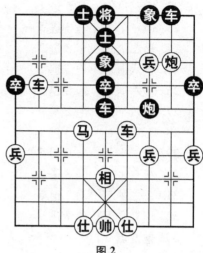

图 2

第 139 局　洪智胜汪洋

（2010 年第十六届广州亚运会象棋比赛）

1. 兵七进一　象 3 进 5

2. 炮八平五　马 8 进 7

3. 马八进七　炮 8 平 9

4. 马二进一　车 9 平 8

5. 车一平二　卒 7 进 1

6. 兵一进一　炮 9 进 3？（图1）

7. 车九进一　炮 9 退 1

8. 车九平三　马 2 进 4

9. 兵三进一　车 8 进 4

10. 兵三进一　炮 9 平 7

11. 车三进三　车 8 进 2

12. 仕四进五　车 1 平 3

13. 车三平六　马 4 退 2

14. 车六进四！马 2 进 3

15. 炮二平三　车 8 进 3

16. 马一退二　马 7 进 8

17. 马七进六　士 6 进 5

18. 马六进四　炮 2 进 2

19. 马四进三　炮 7 平 5

20. 马三进一！炮 5 进 3

21. 相三进五　象 7 进 9

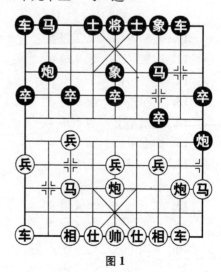

图 1

22. 炮三进四　卒 5 进 1

23. 炮三平二　马 3 进 5

24. 马二进三　车 3 进 2

25. 车六退二　炮 2 退 1

26. 车六退一　炮 2 退 2?（图 2）

27. 车六平五　炮 2 平 9

28. 车五进一　卒 3 进 1

29. 炮二平九　象 9 退 7

30. 车五平二　马 8 进 7

31. 车二平三　马 7 退 6

32. 炮九平五　象 7 进 9

33. 炮五退一!

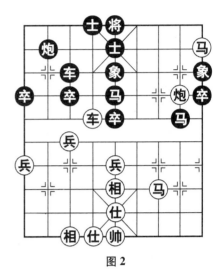

图 2

第 140 局　黄仕清胜万春林

（2012 年伊泰杯全国象棋甲级联赛弈于南宁）

1. 兵七进一　象 3 进 5

2. 炮八平五　马 8 进 7

3. 马二进一　卒 7 进 1

4. 车一进一　车 9 进 1

5. 马八进七　车 9 平 4

6. 车九平八　炮 2 平 3

7. 车一平三　士 4 进 5

8. 兵三进一　卒 7 进 1

9. 车三进三　炮 8 退 1

10. 炮二进四　马 7 进 6

11. 炮二平四　车 4 进 6

12. 车三平四　车 4 平 3

13. 车四进一　炮 3 进 3?（图 1）

14. 炮四平七　炮 3 平 4

15. 炮七平一　马 2 进 3

16. 炮一进三　车 1 平 4

17. 马一进三　车 3 退 1?

18. 马三进一　车 4 进 4?

19. 车八进九!　马 3 退 2

20. 车四平六　炮 4 平 3

21. 马一进二　炮 8 进 1

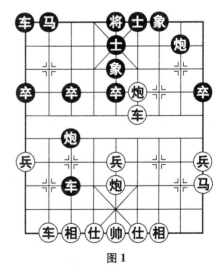

图 1

22. 相七进九　炮 3 退 1
23. 车六进一　车 3 平 5
24. 马二退三　车 5 平 7
25. 炮五进五　士 5 进 4
26. 马三进一　炮 8 平 7
27. 车六平五　炮 7 进 7
28. 帅五进一　炮 3 退 3
29. 炮五平三　炮 3 平 5
30. 车五平四！（图2）炮 5 进 1
31. 车四进三　将 5 进 1
32. 车四平八　炮 5 进 1
33. 车八平五

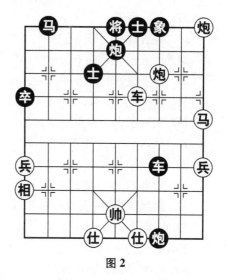

图 2

第 141 局　洪智胜柳大华

（2012 年第五届杨官璘杯全国象棋公开赛弈于东莞）

1. 兵七进一　象 3 进 5
2. 炮八平五　马 2 进 4
3. 车九进二　马 8 进 7
4. 车九平六　车 9 进 1
5. 马二进一　卒 7 进 1
6. 车一进一　炮 2 平 3
7. 马八进七　车 1 平 2
8. 相七进九　马 4 进 2（图1）
9. 车一平八　车 9 平 2
10. 马七进六　士 4 进 5
11. 车六平八　马 7 进 8
12. 炮二平四　前车平 4
13. 马六进五　车 2 平 4
14. 仕四进五　炮 3 退 2
15. 马五退三！象 5 进 7
16. 前车进五　炮 8 平 5
17. 后车进四　前车进 3
18. 后车平六　车 4 进 4
19. 车八退四　炮 5 进 5
20. 相三进五　象 7 退 5
21. 兵五进一　马 8 退 6

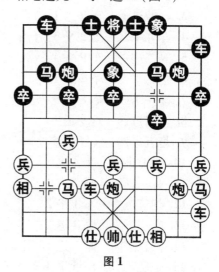

图 1

22. 车八平五　　车4平8
23. 兵五进一　　车8进3
24. 兵五进一　　马6进8
25. 相五进三！　炮3平1
26. 兵一进一　　象5退3
27. 兵五平六　　象7进5
28. 兵六平七　　马8退6
29. 炮四平五　　卒1进1
30. 相九退七　　炮1进3
31. 后兵进一！（图2）车8退3
32. 前兵平八　　炮1退2
33. 兵七进一　　马6进4
34. 车五平四　　炮1平3
35. 相七进九　　马4进3

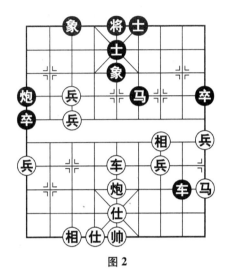

图2

36. 车四平六　　马3进1
37. 车六进五　　马1进3
38. 帅五平四　　车8进3
39. 炮五平四

第142局　周军负郑一泓

（2012年重庆长寿首届健康杯象棋公开赛）

1. 兵七进一　　象3进5
2. 炮八平五　　马8进7
3. 马八进七　　车9进1
4. 车九平八　　炮2平3？（图1）
5. 马二进一　　车9平4
6. 炮二平三　　卒7进1
7. 车一平二　　炮8平9
8. 车二进四　　炮9退1
9. 炮五平四　　士4进5
10. 相七进五　　车4进3
11. 兵一进一　　马2进4
12. 炮三退一　　车1平2
13. 车八进九　　马4退2
14. 兵三进一　　卒7进1
15. 炮四平三！　将5平4

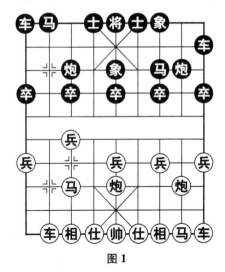

图1

16. 车二进四　车4平8
17. 车二平三　象7进9
18. 马七进六　象9进7
19. 车三平四?　炮9进4
20. 马六进七　车8进3
21. 后炮平六　卒7进1
22. 炮三退一　炮9进1
23. 兵五进一?　炮9平1
24. 车四退二　炮3平2!
25. 炮六平八　马2进3
26. 兵五进一　炮1进3
27. 仕六进五　卒7进1
28. 炮三进四　车8退3
29. 炮三退二　卒5进1
30. 车四平六　将4平5
31. 车六退三?　车8退1!
32. 车六平九　车8平3
33. 车九退三　车3平8
34. 炮八平七　马3进2
35. 车九平六　卒7平8!（图2）

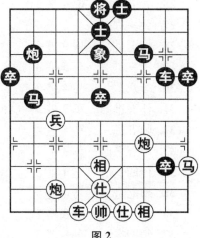

图 2

36. 车六进五　马2退4
37. 车六平五　马4进6
38. 炮三平五　马6进5
39. 车五退二　象5退7

第 143 局　李家华负尚威

（2002 年宜春全国象棋个人赛）

1. 兵七进一　象3进5
2. 炮八平五　卒7进1
3. 马八进七　马8进7
4. 马二进一　马2进4
5. 炮二平四　车1平3
6. 车一平二　炮8平9
7. 车二进八　车9进1
8. 车二平一　马7退9
9. 车九进一　卒3进1
10. 车九平六　马4进6
11. 马七进六?（图1）士4进5
12. 炮五进四　卒3进1

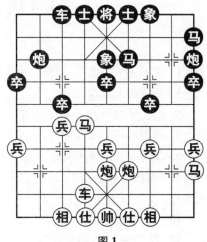

图 1

13. 马六进四　马6进8	14. 马四进六　炮2平4
15. 马六退五　车3进3	16. 炮五平一　马8进6
17. 炮一进二?　卒3平4!	18. 车六平八　卒4平5
19. 兵五进一　车3进6	20. 仕四进五　车3退3
21. 兵五进一　马6退7	22. 车八进八　炮4退2
23. 炮一进一　炮9进2	24. 车八退四　车3平5
25. 兵五平六　炮4平3!	26. 炮四平七　马7进5

27. 兵一进一　马5进4
28. 炮七进二　炮9进3
29. 相三进一　车5平3
30. 车八退一　马4进5
31. 仕五进四　车3进3!（图2）
32. 帅五进一　马5退4
33. 帅五平四　车3平4
34. 仕四退五　车4平8
35. 炮七进二　马4进5
36. 车八退一　车8退1
37. 帅四退一　车8退5
38. 炮七退四　车8平6
39. 帅四平五　马5进3
40. 帅五平六　车6平3

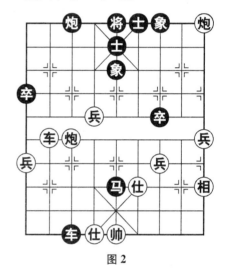

图 2

第144局　黎德志胜秦荣

（2012年重庆长寿首届健康杯象棋公开赛）

1. 兵七进一　象3进5	2. 炮八平五　马8进7
3. 马八进七　卒7进1	4. 马二进一　马2进4
5. 炮二平四　卒3进1	6. 车一平二　炮8进2
7. 兵七进一　车1平3	8. 车二进四　车3进4
9. 车九平八　车9进1	10. 马七进六　车9平6
11. 炮四进一!（图1）炮2平3	12. 炮五平四　车6平8
13. 相七进五　车3平4	14. 车八进八　士6进5
15. 马六进八　炮3进2	16. 马八退七　车4退1
17. 仕六进五　车8进2	18. 马七进五　炮3平5

19. 兵三进一! 车4进2

20. 兵三进一　象5进7

21. 马一进三　马4进3

22. 车八退二　马3退5

23. 前炮进一　车4进1

24. 前炮平三　马7进6

25. 炮三平四　车4平5?

26. 后炮进三　车5平7

27. 车二进一　车8进1

28. 前炮平二　炮5平8

29. 马五进四　炮8退1

30. 炮四平七! 士5进6

31. 炮七进五　士4进5

32. 车八进三　车7平4

33. 炮七平三　士5退4

34. 车八退二　士4进5?

35. 马四进二　将5平4

36. 车八进二　将4进1

37. 车八退一　将4进1

38. 炮三退一　士5退6

39. 马二进四　士6进5

40. 炮三平五!（图2）士6退5

41. 车八平五　马5退7

42. 车五进一　将4退1

43. 车五平六

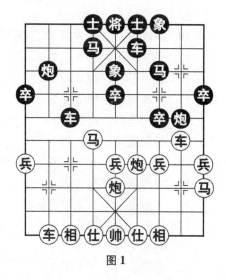

图1

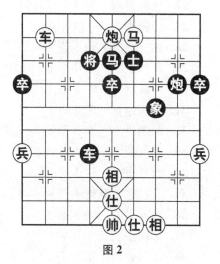

图2

第145局　洪智胜尚威

（2008年眉山道泉茶叶杯全国象棋明星赛）

1. 兵七进一　象3进5

2. 炮八平五　马8进7

3. 马八进七　马2进4

4. 马二进三　车1平3

5. 车一进一　卒3进1

6. 车一平六　车9进1

7. 兵七进一　车3进4

8. 车九平八　炮8平9

9. 车六进一　车9平8

10. 车八进一　车3退2？（图1）

11. 兵三进一　炮9退1

12. 炮二平一　炮2退2

13. 车八进七！炮2平3

14. 马三进四　炮3进1

15. 相七进九　士6进5

16. 马七进八　车8进6

17. 仕六进五　车3进6

18. 车八退二　车3退4

19. 马四进六　炮3进2

20. 炮五平四　卒5进1

21. 炮四进六！车8平4

22. 仕五进六　炮3平5

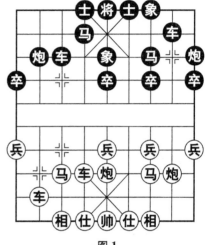

图1

24. 仕四进五　车3平2

26. 相三进五　炮5进3

28. 车八平四　车2平8

30. 帅四进一　车8退1

31. 帅四退一　车8进1

32. 帅四进一　车8退5

33. 马八退六　马4进3

34. 前马进八！炮5平4？

35. 马八进七　炮4退4

36. 炮四平六　马3退4

37. 车四平三　车8平6

38. 仕五进四　车6进2

39. 车三进一　将5平6

40. 炮五平八！（图2）士5进6

41. 车三进一　车6平4

42. 车三平一　车4进1

43. 车一退二

23. 炮一平五　车3进4

25. 炮五进三　车2退2

27. 相九退七　炮5退1

29. 帅五平四　车8进3

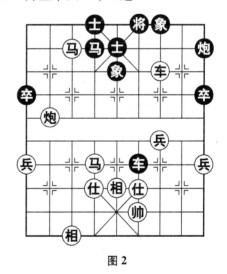

图2

第146局　姚洪新胜颜成龙

（2013年秀容御苑杯象棋公开赛弈于吕梁）

1. 兵七进一　象3进5
2. 炮八平五　卒7进1
3. 马八进七　马8进7
4. 车九平八　马2进4
5. 马二进三　马7进6
6. 车一进一　炮8平7
7. 车一平六　车9进1
8. 兵五进一　马6进7
9. 马七进五　车9平8
10. 兵五进一　卒5进1
11. 炮五进三　士4进5
12. 炮二退一　车1进1
13. 车八进五　车8进2?（图1）
14. 车八平六　炮7退1
15. 炮二平三　车8平5
16. 炮三平五　车5平6
17. 前车进一!　车6平4
18. 车六进五　炮2进1
19. 车六退四　车1进1
20. 后炮平二　马4进5
21. 炮二进六　马5退7
22. 仕四进五　车1退1?
23. 马五进六!　前马退5
24. 马三进五　马7进6
25. 马六进八　车1平2
26. 炮二退一　马6进5
27. 炮二平三!　炮7平6
28. 炮五退二　炮6进2
29. 车六进二　炮6平2
30. 炮三进二!　炮2进2
31. 兵七进一　车2进1
32. 车六平五　卒3进1
33. 炮三退一!（图2）车2进1
34. 车五进三　车2平7

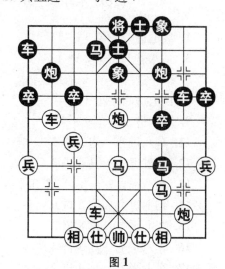

图1

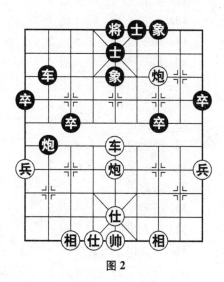

图2

35. 车五平八　士 5 进 4　　**36.** 车八进二　将 5 进 1

37. 车八退五　车 7 退 1　　**38.** 车八平五　将 5 平 6

39. 炮五平四　士 6 进 5　　**40.** 车五平四　士 5 进 6

41. 车四进一　将 6 平 5　　**42.** 炮四平三　车 7 平 8

43. 炮三进六　卒 7 进 1　　**44.** 车四平七

第 147 局　谢卓淼负洪智

（2011 年句容茅山·碧桂园杯全国象棋个人赛）

1. 兵七进一　象 3 进 5　　**2.** 炮八平五　马 8 进 7

3. 马八进七　马 2 进 4　　**4.** 马二进三　车 1 平 3

5. 车一进一　卒 3 进 1　　**6.** 车一平六　车 9 进 1

7. 兵七进一　车 3 进 4　　**8.** 车九平八　炮 8 平 9

9. 车六进一　车 9 平 8　　**10.** 炮二平一　炮 2 平 3

11. 车八进八　炮 3 退 1

12. 炮五退一　马 4 进 3

13. 车八平九？（图 1）车 3 平 8

14. 相七进九　炮 3 进 6

15. 车九平二　车 8 退 3

16. 车六平七　马 3 进 4

17. 车七平六　马 4 进 2

18. 车六平八　马 2 退 3

19. 兵三进一　车 8 进 5

20. 车八平五？炮 9 进 4

21. 马三进四　车 8 退 2

22. 炮五平四　炮 9 平 1

23. 马四进三　炮 1 平 2

24. 仕六进五　车 8 进 2

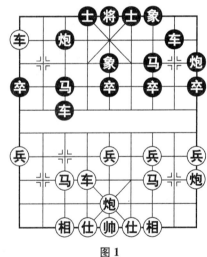

图 1

25. 马三退四　车 8 平 6

26. 炮一平四　车 6 平 7　　**27.** 马四进六　车 7 退 1

28. 前炮进六　马 7 进 6　　**29.** 车五平四　马 6 退 4

30. 前炮平一　士 4 进 5　　**31.** 炮一进一　车 7 退 1

32. 马六进四　炮 2 退 6　　**33.** 车四平六　马 4 退 2

34. 相九进七　车 7 平 5　　**35.** 车六进三　车 7 退 6

36. 车六平四　士 5 进 6！（图 2）　**37.** 仕五进四　炮 2 平 3

38. 车四退一　车7进5
39. 仕四退五　马2进1
40. 马四退五　士6退5
41. 马五进六　马3退4
42. 马六进八　炮3平4
43. 炮四进二　车7退4
44. 马八进九　车7平3
45. 炮一退一　马1进3
46. 车四进二　车3退4

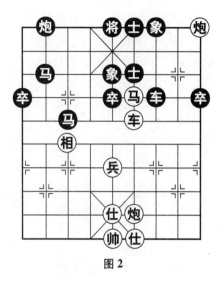

图2

第148局　才溢负谢岿

（2009年惠州华轩杯全国象棋甲级联赛弈于惠东）

1. 兵七进一　象3进5	2. 炮八平五　马8进7
3. 马八进七　马2进4	4. 马二进三　车1平3
5. 车一进一　卒3进1	6. 车一平六　车9进1
7. 兵七进一　车3进4	8. 车九平八　炮8平9

9. 车六进一　车9平8
10. 炮二平一　炮2平3
11. 相七进九　卒7进1
12. 车八进八　炮3进5
13. 炮五平七　炮9退1
14. 炮一退一　车3退4
15. 炮一平六　马7进6
16. 仕六进五？（图1）马6进7
17. 炮七进二　车3平2！
18. 炮六进七　车2进1
19. 炮七进五　士4进5
20. 炮六平二　士5进4
21. 炮七退七　车2平8

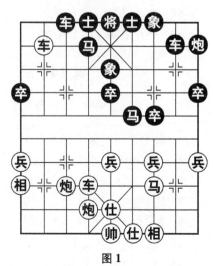

图1

22. 车六进五	车8平3	23. 炮七平六	炮9平7
24. 车六退三?	马7退6	25. 车六平四	炮7进6
26. 车四进一	炮7平1	27. 炮六平五	车3进8
28. 仕五退六	炮1进2	29. 车四平八	士6进5
30. 车八进四	象5退3	31. 炮五进四	象7进5
32. 炮五退二	车3退2	33. 仕六进五	将5平4!

34. 炮五进四? 车3进3

35. 仕五退六 车3退8!（图2）

36. 车八退九 炮1退1

37. 车八进一 炮1进1

38. 车八退一 炮1退1

39. 车八进六 车3平5

40. 车八平一 象5退7

41. 车一平六 将4平5

42. 车六退三 车5平3

43. 车六平八 卒7进1

44. 相三进五 卒7平6

45. 仕六进五 炮1进1

46. 仕五进六 车3进8

47. 帅五进一 车3平6

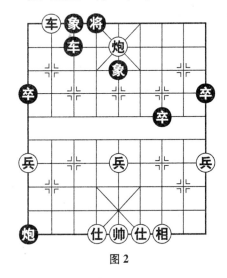

图2

48. 车八进一	车6退3
50. 兵一进一	炮8退4
52. 兵一平二	车6进2

49. 兵一进一 炮1平8

51. 车八退一 炮8进1

53. 帅五平四 炮8平2

第149局　商思源负王晓华

（2006年济南市中房地产杯全国象棋团体赛）

1. 兵七进一	象3进5	2. 炮八平五	马8进7
3. 马八进七	卒7进1	4. 车九平八	马2进4
5. 马二进一	车1平3	6. 车一进一	卒3进1
7. 兵七进一	车3进4	8. 车一平六	车9进1
9. 车六进六	车3进2	10. 仕六进五	卒9进1
11. 相七进九	马7进6!（图1）	12. 炮五进四	士6进5
13. 车六进一	车3进1	14. 车八进五?	车3平8

15. 车八平四　　车9进2
16. 车六退二　　车8平1
17. 车四平六　　车1进2
18. 仕五退六　　炮2平4
19. 炮五退一？　炮4进2
20. 车六平一　　车1退3
21. 炮五平一　　车1平5
22. 仕六进五　　炮4平9
23. 车一退一　　炮8进1
24. 车一进一　　炮8平5
25. 兵一进一　　炮5进2
26. 帅五平六　　车5平4
27. 仕五进六　　车4进1
28. 帅六平五　　车4平5
29. 帅五平六　　车5平6
30. 仕四进五　　车6平7！（图2）
31. 车一平四　　车7平1
32. 车四平五　　车1退2
33. 兵一进一　　卒1进1
34. 兵一平二　　车1平4
35. 仕五进六　　车4进2
36. 帅六平五　　车4平5
37. 帅五平六　　车5退1
38. 兵二平三　　象5进7
39. 马一进二　　卒1进1
40. 马二进四　　车5平4

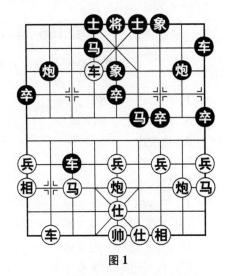

图1

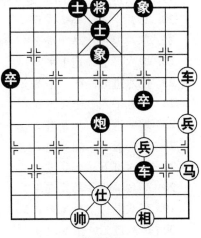

图2

41. 帅六平五　　炮5平2
42. 兵三进一　　象7退5
43. 车五平四　　炮2退4
44. 兵三进一　　车4平6
45. 兵三进一　　士5进4
46. 马四进二　　车6平5
47. 帅五平四　　士4进5
48. 车四平八　　炮2平3
49. 车八平七　　炮3退1
50. 马二进三　　将5平4
51. 相三进一　　卒1进1
52. 马三退四　　卒1平2
53. 相一进三　　卒2进1
54. 兵三进一　　卒2进1
55. 车七平六　　将4进1！

第150局　金波胜宋国强

（2009年蔡伦竹海杯全国象棋精英邀请赛弈于耒阳）

1. 兵七进一　象3进5　　　　2. 炮八平五　马8进7
3. 马八进七　车9进1　　　　4. 车九平八　马2进4
5. 马二进三　车1平3　　　　6. 车一进一　卒3进1
7. 兵七进一　车3进4　　　　8. 车一平六　卒7进1
9. 车六进一　炮8进2　　　　10. 炮二退一　车3平4
11. 车六进三　炮8平4　　　　12. 炮五平六　炮2平1
13. 车八进六　炮4平6　　　　14. 车八平九　炮1平3
15. 马七进六　炮6进4　　　　16. 炮二平一　炮3进4
17. 兵五进一　炮6平4　　　　18. 马六进八　炮3退2
19. 炮六进五！（图1）炮4平1
20. 车九平六　马7进6
21. 车六退三　马4进2
22. 炮六平七　炮1平8
23. 仕六进五　车9平8
24. 帅五平六　士4进5
25. 炮一进五　车8进2
26. 炮一退一　炮8退2？
27. 车六进五　车8进1
28. 车六平八　马6进4
29. 车八退一　车8平9
30. 车八进二　士5退4

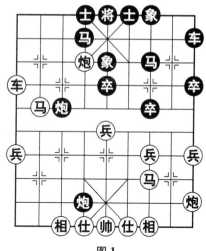

图1

31. 炮七平九　象5退3？
32. 车八平七！炮3平4　　　　33. 帅六平五　马4退2
34. 炮九进二　将5进1　　　　35. 车七退一　将5进1
36. 车七退三　马2进3　　　　37. 兵三进一！炮4进2
38. 马三进四　炮4平5　　　　39. 相七进五　车9退1
40. 兵五进一！（图2）马3退5
41. 车七进二　将5退1
42. 车七进一　将5进1　　　　43. 车七退一　将5退1
44. 兵三进一　炮5退2　　　　45. 车七进一　将5进1
46. 车七平六　车9平6　　　　47. 马四退二　车6进3

48. 车六退四　马5进7

49. 帅五平六　车6平1

50. 炮九平七　车1平3

51. 相五进七　车3平2

52. 兵三进一　马7进6

53. 马二退四　车2平6

54. 车六进三　将5退1

55. 兵三进一　将5平6

56. 炮七退一

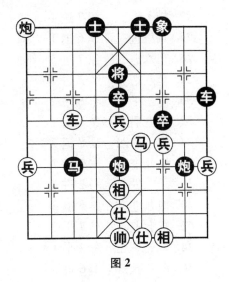

图 2

第 151 局　徐超胜欧照芳

（2013 年 QQ 游戏天下棋弈全国象棋甲级联赛弈于北京）

1. 兵七进一　象3进5

2. 炮八平五　马8进7

3. 马八进七　马2进4

4. 马二进三　车1平3

5. 车一进一　卒3进1

6. 车一平六　车9进1

7. 兵七进一　车3进4

8. 车九平八　炮8平9

9. 车六进一　车9平8

10. 车八进一　炮2平3

11. 炮二退一　车3平7

12. 炮二平六！（图1）炮9退1

13. 马七进六　车7平3

14. 马六退七　车3平7

15. 马七进六　车7平4

16. 车六平七！车4进1

17. 车七进五　车8进3?

18. 仕六进五　士6进5?

19. 炮五平六　车4平6

20. 后炮平七　车8平3

21. 车七退二　象5进3

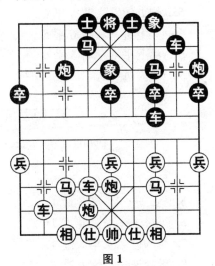

图 1

22. 相七进五　卒7进1	**23.** 车八进五　卒9进1
24. 兵三进一　车6退1	**25.** 炮六平九　炮9进2
26. 车八退二　象7进5	**27.** 兵九进一　象3退1
28. 车八平七　卒7进1	**29.** 车七平三　马7进8
30. 车三平七　车6平2	**31.** 马三进二　马4进2
32. 仕五退六　象1退3	**33.** 炮七平一　炮9进3
34. 炮一进四　马8退7	**35.** 炮一进四　车2平7
36. 炮九进四　车7进2	**37.** 仕六进五　炮9平5
38. 马二进三　马2进3？	**39.** 马三进五！象3进5
40. 炮九进三　象5退3	**41.** 车七进一　炮5退2
42. 车七进四　车7平2	**43.** 车七退二　车2退6
44. 车七平三　车2平1	**45.** 车三进二　士5退6
46. 车三退三　士6进5	
47. 车三平五　炮5平6	

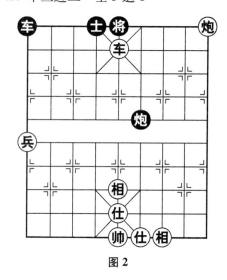

图 2

48. 车五进二！（图2）将5进1
49. 炮一平九　将5平4
50. 兵九进一　士4进5
51. 兵九平八　将4退1
52. 兵八平七　将4平5
53. 仕五进四　炮6平5
54. 相五进七　炮5退2
55. 炮九退八　将5平6
56. 兵七进一　将6平5
57. 兵七平六　将5平6
58. 帅五进一

第 152 局　洪智胜刘昱

（2008年松业杯全国象棋个人赛弈于顺德）

1. 兵七进一　象3进5	**2.** 炮八平五　马2进4
3. 马二进三　卒3进1	**4.** 兵七进一　车1平3
5. 车一进一　马8进7	**6.** 车一平六　车9进1
7. 马八进七　车3进4	**8.** 车九平八　炮2平3
9. 车六进一　炮8进2	**10.** 兵三进一　炮8平5

11. 马七进八　炮 5 进 3？（图 1）

12. 炮二平五　车 3 平 2

13. 车六进三　车 2 退 1

14. 车六进二　炮 3 平 2

15. 马三进四！炮 2 进 3

16. 马四进六　车 2 退 1

17. 车六平八　马 4 进 2

18. 车八进四　马 2 进 3

19. 车八平七　车 9 平 4

20. 马六退四　车 4 平 8

21. 炮五退一　车 8 进 3

22. 马四进三　车 8 平 6

23. 相七进五　士 6 进 5

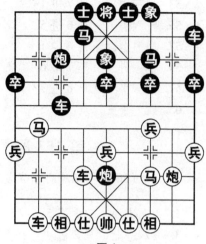

图 1

24. 炮五平八　象 5 退 3

25. 仕四进五　象 7 进 5

26. 兵一进一　马 3 退 4

27. 炮八平九　车 6 进 2

28. 车七平四　车 6 退 1

29. 马三退四　马 4 进 3

30. 马四进三　马 7 退 9

31. 马三进一　马 9 进 7

32. 仕五进四　士 5 进 6

33. 马一进三　将 5 平 6

34. 炮九平四　卒 5 进 1

35. 炮四平五　马 7 进 6

36. 炮五平一　马 6 退 7

37. 马三进一　卒 5 进 1

38. 马一退二！卒 5 进 1

39. 炮一进五　马 3 进 5

40. 仕四退五　卒 5 平 6

41. 炮一平三　士 6 退 5

42. 兵一进一　卒 1 进 1

43. 兵一平二　马 7 进 5

44. 炮三平一　后马退 7

45. 兵二进一　马 7 进 6

46. 炮一退二　马 5 进 7

47. 炮一退一　马 7 进 8

48. 炮一进六　马 8 退 9

49. 兵三进一！（图 2）象 5 进 7

50. 兵二平一　马 9 退 8

51. 马二退三　卒 6 平 7

52. 兵一平二　卒 7 进 1

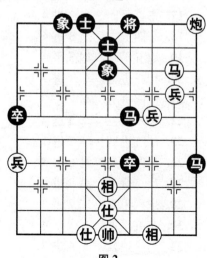

图 2

53. 马三进二　卒7进1	54. 仕五进六　卒7平6
55. 仕六进五　马6进5	56. 马二进三　将6进1
57. 马三退二　将6退1	58. 相三进一　卒6平7
59. 相一进三　卒7平6	60. 马二进三　将6进1
61. 炮一平二　马8进7？	62. 马三退二　将6退1
63. 兵二平三　马7退5？	64. 炮二平一

第153局　陈富杰胜邓颂宏

（2012年海陵岛春节粤澳六城市象棋邀请赛弈于阳江）

1. 兵七进一　象3进5	2. 炮八平五　马8进7
3. 马八进七　马2进4	4. 马二进三　车1平3
5. 车一进一　卒3进1	6. 车一平六　车9进1
7. 兵七进一　车3进4	8. 车九平八　卒7进1
9. 车六进一　车3退4	10. 炮二退一　炮2平3

11. 车六进五　马4进6？（图1）

12. 马七进六　士6进5

13. 车六退一　马6进5

14. 马六进五　马5进6

15. 车八进一　马7进5

16. 车六平五　车9平7

17. 车五平四　炮3进4

18. 车四退二　炮8进4

19. 炮五平六　炮3平4

20. 相三进五　车3进7

21. 仕四进五　车7进2

22. 车八进三　车3退4

23. 仕五进四！卒7进1

24. 车四平三　马6退5

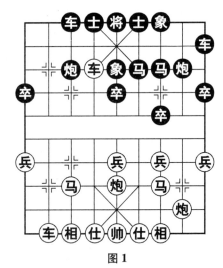

图1

| 25. 车三进二　车3平7 |
| 27. 车八平五　炮4平2 |
| 29. 炮二平四　马6进8 |
| 31. 仕四退五　马8进9 |
| 33. 炮四退一　马9退8 |
| 35. 车七平四　马9退7 |

26. 兵三进一　马5进6

28. 炮六平八　车7平3

30. 车五平七　车3平4

32. 马三退二　车4进3

34. 马二进三　马8进9

36. 炮四进一　炮8进2　　　37. 帅五平四　炮8退2

38. 炮八退一　车4退2　　　39. 帅四平五　车4平8

40. 仕五进六　马7退9　　　41. 炮四平七　炮8进3

42. 车四退三　车8进3　　　43. 马三退二? 车8进2

44. 车四退一　车8退3?　　45. 炮七平五　车8平9

46. 相五退三　马9退7　　　47. 车四进二　车9进3

48. 车四平三　马7退9　　　49. 炮八进一　车9退3

50. 相七进五　车9平6　　　51. 炮五平九　车6平5

52. 炮九进五　炮2退2　　　53. 车三平四　车5平1

54. 炮九平五　车1平5

55. 车四进四　炮2退1

56. 炮五进二? (图2) 士4进5

57. 车四平八　卒9进1

58. 仕六进五　马9进8

59. 车八退一　卒9进1

60. 兵三进一　马8退6?

61. 兵三进一　车5平1

62. 兵三进一　马6进7

63. 帅五平六　车1平7

64. 兵三平二　卒9平8

65. 兵二进一　卒8进1

66. 炮八进二　车7平2?

67. 车八进四　士5退4　　　68. 炮八平五

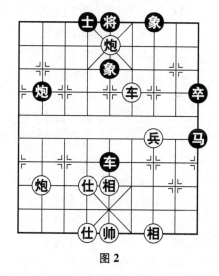

图2

第154局　王天一胜张晓平

（2012年蔡伦竹海杯象棋精英邀请赛弈于耒阳）

1. 兵七进一　象3进5　　　2. 炮八平五　卒7进1

3. 马八进七　马2进3　　　4. 车九平八　车1平2

5. 马二进一　马8进9　　　6. 炮二平三　卒9进1

7. 车一平二　车9平8　　　8. 车八进六　炮2平1? (图1)

9. 炮五进四　士4进5　　　10. 车八进三　马3退2

11. 车二进六　炮8平6　　　12. 车二进三　马9退8

13. 马七进六　马2进4　　　14. 炮五退一　炮1进4

15. 兵三进一　象7进9
16. 炮三平六　马4进2
17. 兵三进一　象9进7
18. 炮五平一　马8进9
19. 马六进七　炮1平9
20. 相七进五　马9进7
21. 炮一平二　象7退9
22. 仕六进五　马2进1
23. 马七退六　马7进6
24. 炮二进四　象5退7?
25. 兵七进一　马1进2
26. 马六退八　炮9平2
27. 兵五进一　马6进8
28. 兵五进一　卒1进1

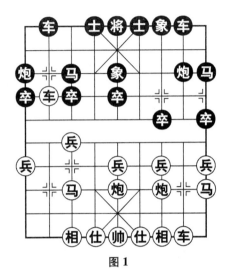

图 1

29. 兵五平四　炮2平4
30. 兵七平六　炮6退1
31. 炮六退一　炮4平5
32. 马一进二　马8进6?
33. 帅五平六　炮5平4
34. 炮六平七　马6退5
35. 马二进三　炮6进1
36. 马三进一!（图2）炮6平8
37. 帅六平五　马5进3
38. 兵六进一　炮4平5
39. 马一退二　马3退5
40. 兵六平七　卒1进1
41. 兵七进一　卒1平2
42. 炮七平六　炮8退1
43. 炮六进四　卒2进1
44. 炮二平一　马5进3
45. 马二进四　士5进6
46. 马四进六　将5进1
47. 马六进七　将5平6
48. 马七退六　将6平5
49. 炮六退二　马3退4
50. 马六进七　将5平6
51. 兵七平六　马4进6
52. 炮六进三　马6进5
53. 兵六平五　马5退3
54. 帅五平六　马3进2
55. 帅六进一　马2退3
56. 帅六退一　马3进2

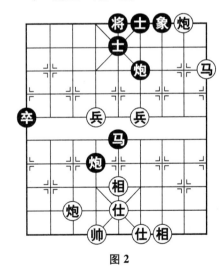

图 2

57. 帅六进一	马2退3	58. 帅六退一	炮8进7
59. 仕五进四	马3进2	60. 帅六进一	马2退3
61. 帅六退一	马3进2	62. 帅六进一	马2退3
63. 帅六退一	马3退5	64. 兵四平五	炮5平4
65. 帅六进一	士6退5	66. 炮一退六	炮4平7
67. 炮六进二	士5退4	68. 马七退八	马5进6
69. 相三进五	炮7进2	70. 帅六退一	炮8进1
71. 相五退三	炮7平5	72. 后兵平四	炮8平6
73. 炮一平四!	炮6退3	74. 马八退六	

第155局 许银川负柳大华

(2011年第三届句容茅山·碧桂园杯全国象棋冠军邀请赛)

1. 兵七进一	象3进5	2. 炮八平五	卒7进1
3. 马八进七	马8进7	4. 车九平八	马2进4
5. 马二进三	车9进1	6. 车一进一	车1平3
7. 车一平六	马7进6	8. 车六进四	马6进7

9. 炮五平六 卒3进1!（图1）

10. 炮六进六 卒3进1

11. 车八进六 车9平5

12. 炮六退一 炮8进2

13. 车六退三 炮2退1

14. 炮六进一 炮2平3

15. 车八平七 炮8退3

16. 炮六退二 车5平4

17. 炮六平九 车4进6

18. 炮二平六 卒3进1

19. 马七退八 士4进5

20. 炮九平五 车3平2

21. 马八进九 卒3平4

22. 炮六平四 卒7进1

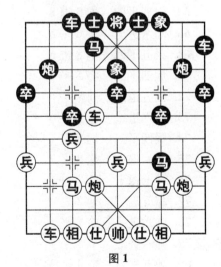

图1

23. 炮四进一	车2平4
24. 仕四进五	卒7平6	25. 炮四退二	卒6进1
26. 炮四平三	车4进5	27. 兵九进一	炮3平4
28. 车七平八	炮8平7	29. 炮三进二	卒6平7

30. 马三退一 炮7平9		31. 马九进八 卒4平5
32. 相三进五 炮4退1		33. 车八进三? 车4退2
34. 炮五退一 卒9进1		35. 炮五平九 炮4平3
36. 车八退四 卒9进1		37. 车八平一? 炮3进1
38. 马一退三 卒9平8		39. 车一平八 炮3平2!
40. 马八进六 卒5平6		41. 炮九进四 卒7进1
42. 马三进一 卒7平8		43. 马一退三 前卒平7
44. 马三进一 卒7平8		45. 车八平七 炮2平3
46. 车七平八 炮3平2		47. 兵九进一 前卒进1
48. 炮九退三 前卒平9		49. 马六进八 炮2进3
50. 炮九平六 炮2平9		51. 炮六退五 卒8进1
52. 兵一进一 后炮进4		53. 马八进七 将5平4
54. 仕五进六 士5进4		55. 炮六进六 卒9平8
56. 仕六进五 前炮进4		57. 兵九平八 后卒平7
58. 炮六退三 士6进5		59. 马七退六 将4平5
60. 炮六平五 后炮平5		61. 兵八平七 将5平6
62. 兵七平六 炮5退1		63. 帅五平六 卒8平7
64. 炮五平四 炮9退8		65. 兵六平五 炮5平7
66. 马六进五 将6平5		67. 马五退七 炮7平8
68. 兵五平四 炮8进6		69. 兵四进一 炮9进7
70. 炮四平五 将5平6		71. 兵四进一? 前卒进1
72. 仕五退四 前卒平6		
73. 帅六进一 炮9平6		
74. 兵四平三 炮8退1		
75. 帅六退一 炮8平7!		
76. 马七退五 后卒进1		
77. 相五进三 炮7进1		
78. 帅六进一 前卒平5		
79. 帅六平五 卒5平4		
80. 帅五平六 卒4平3! (图2)		
81. 帅六平五 卒3平4		
82. 帅五平六 卒4平5		
83. 帅六平五 卒5平6		
84. 帅五平六 卒7平6		

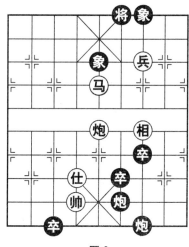

图2

85. 炮五平四	炮7退1	86. 帅六退一	后卒平5
87. 兵三平四	炮6退3	88. 马五退四	后卒进1
89. 相三退一	象5进7	90. 相一进三	炮7平8
91. 相三退五	将6平5	92. 兵四进一	将5平4
93. 马四进六	卒5进1!		

第156局　蒋川胜陈翀

（2009年惠州华轩杯全国象棋甲级联赛）

1. 兵七进一	象3进5	2. 炮八平五	马8进7
3. 马八进七	卒7进1	4. 车九平八	马2进4
5. 马二进三	马7进6	6. 车一进一	车9进1
7. 车一平六	车1进1	8. 兵五进一	马6进7
9. 马七进五	炮8进4	10. 车六进六	炮8退4?
11. 车六退三	炮2退2	12. 车八进六	马4进2
13. 车八平七	车9平4	14. 车六进四	车1平4?
15. 兵五进一	卒5进1	16. 炮五进三	士4进5
17. 炮二进四	车4进2		
18. 车七平六	马2进4		
19. 炮二平九	卒7进1		
20. 炮九退二	马4进5		
21. 仕四进五	卒7平6		
22. 马五退四	马7退8? （图1）		

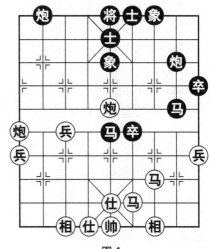

图1

23. 马三进四	马8进6
24. 炮九平五	炮8平9
25. 马四进五	马6进8
26. 马五进三	炮2进6
27. 后炮退一	马8进7
28. 帅五平四	炮9平6?
29. 前炮平六	炮2退3	31. 炮六退四	马7退6
30. 炮五进三	象7进9	33. 相三进五	马6退4
32. 帅四平五	象9进7	35. 仕五进四	炮6平7
34. 炮五退三	马4进6	37. 炮四进二	炮7平5
36. 炮六平四	炮7进3		

38. 仕四退五	卒 9 进 1	39. 炮四进三	象 5 退 7
40. 兵七进一	炮 2 退 1	41. 炮五平三	象 7 退 9
42. 兵九进一	炮 2 进 4	43. 炮四平一	象 7 进 5
44. 兵七平六	炮 2 退 1	45. 兵九进一	卒 9 进 1
46. 兵一进一	炮 2 平 9	47. 炮三平五	炮 5 平 6
48. 炮一退一	炮 6 进 1	49. 兵九平八	炮 9 平 6
50. 炮一平二	将 5 平 4	51. 兵八进一	后炮退 3
52. 炮二进四	象 5 退 7	53. 兵六平五	将 4 平 5
54. 兵八平七	后炮平 8	55. 兵五平四	将 5 平 4
56. 兵七平六	炮 6 退 1	57. 相五进三	炮 6 平 1
58. 兵六平五	炮 1 平 5	59. 相七进五	炮 8 平 1
60. 仕五进六	炮 1 进 7	61. 仕六进五	炮 5 平 2
62. 帅五平四	将 4 平 5	63. 炮五平三	炮 2 进 4
64. 帅四进一	炮 2 退 1	65. 帅四退一	炮 2 进 1
66. 帅四进一	炮 2 平 7	67. 帅四退一	炮 7 退 2
68. 炮三平五	炮 1 退 4	69. 帅四平五	炮 7 退 1
70. 仕五进四	炮 7 平 6	71. 帅五平六	炮 1 平 6
72. 兵四进一	后炮退 1	73. 仕六退五	象 9 进 7
74. 炮五进二	后炮进 1	75. 炮五退二	后炮退 1
76. 兵四平三	后炮平 4	77. 兵五平六	将 5 平 4
78. 兵三进一	将 4 进 1	79. 帅六平五	炮 4 进 2
80. 兵六平七	象 7 退 5		
81. 炮二退一	将 4 退 1		
82. 兵七进一	炮 6 退 2		
83. 炮二进一	将 4 进 1		
84. 兵三进一	炮 4 平 3		
85. 炮五平六	象 5 进 3		
86. 兵七平八	象 7 进 5		
87. 炮六退二	士 5 进 6		
88. 仕五进六	将 4 平 5		
89. 炮六平一	炮 6 平 9		
90. 炮一平四！	炮 3 平 7		
91. 兵三平二	炮 9 退 2		
92. 相五进七！（图2）	炮 7 平 5		

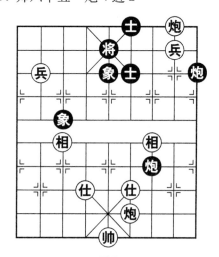

图2

93. 炮四进六　象 5 退 7　　94. 炮四退一　将 5 进 1

95. 兵八进一　士 6 进 5　　96. 炮四平一　将 5 平 4

97. 炮一退五　炮 9 平 5　　98. 帅五平六　后炮平 6

99. 兵二平三　象 7 进 9　　100. 炮一平六　将 4 平 5

101. 炮六平五　炮 5 平 4　　-102. 帅六平五　士 5 退 4

103. 炮二退六　炮 6 进 1　　104. 炮二平五　将 5 平 4

105. 后炮平七　象 3 退 5　　106. 炮五进三　象 5 退 7

107. 炮五平九　炮 6 平 5　　108. 炮七平八　炮 5 退 1

109. 兵八平七　炮 4 退 2　　110. 炮九进三　炮 4 退 1

111. 帅五平四　炮 5 平 6　　112. 仕四退五　将 4 平 5

113. 炮八进八　士 4 进 5　　114. 兵七平六　炮 4 平 1

115. 炮九退一　士 5 退 4　　116. 兵三平二　将 5 平 4

117. 兵六平七　炮 1 平 6　　118. 帅四平五　前炮平 5

119. 仕五进四　炮 6 平 5　　120. 帅五平六　士 4 进 5

121. 炮八退八　前炮平 4　　122. 仕六退五　士 5 退 4

123. 炮八进八！炮 5 进 4　　124. 炮八平三　炮 5 平 4

125. 帅六平五　前炮平 3　　126. 相七退五　炮 4 平 3

127. 兵七平八　后炮平 5　　128. 炮九退一　象 9 进 7

129. 炮三退三　象 7 退 5　　130. 炮九退六　象 5 进 3

131. 炮三平一　将 4 平 5　　132. 炮一退一　炮 5 进 3

133. 炮九平六　炮 5 平 6　　134. 仕五进六　炮 3 平 5

135. 相五进七　士 4 进 5　　136. 兵二平三　将 5 平 6

137. 炮六平二　炮 6 平 7　　138. 相三退一

第四章 炮二平五

第157局 吕钦胜李锦欢

（2011年第十五届亚洲象棋个人赛弈于澳门）

1. 兵七进一　象3进5
2. 炮二平五（图1）车9进1
3. 马二进三　车9平4
4. 马八进七　士4进5
5. 车一平二　马8进9
6. 车二进四　车4进5
7. 兵一进一　炮8平6
8. 马三退五　马2进3
9. 炮五平一　车4进2
10. 炮八平九　炮2进2
11. 兵九进一?　炮2平7
12. 车九平八　车1平4
13. 车二平四　炮7平8
14. 车八进六　马9退7

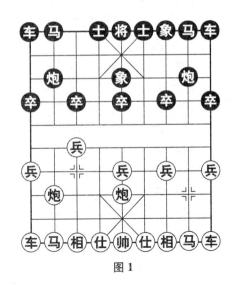

图1

15. 炮一平四　炮6进5
16. 车四退二　炮8进2
17. 兵五进一　卒7进1?
18. 车四平二　炮8退3
19. 车八进一　卒7进1
20. 兵三进一　马7进6
21. 马五进三　炮8退1
22. 马三进五　前车平3?
23. 兵三进一!（图2）车4进6
24. 兵三平四　马6退7
25. 车二进五　车3退1
26. 马五退四　车4退4
27. 车二进一

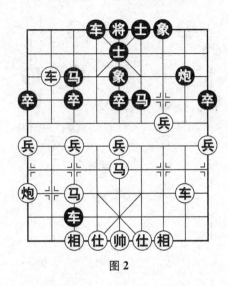

图2

第 158 局　葛维蒲胜聂铁文

（2007 年伊泰杯全国象棋个人赛弈于呼和浩特）

1. 兵七进一　象 3 进 5　　2. 炮二平五　马 8 进 7

3. 马二进三　卒 7 进 1　　4. 车一平二　车 9 平 8

5. 车二进六　炮 8 平 9　　6. 车二平三　马 2 进 4

7. 炮八平六　车 8 进 5

8. 兵五进一（图1）士 4 进 5

9. 马八进七　车 1 平 2

10. 车九平八　车 8 平 5？

11. 炮六进二！炮 2 平 1

12. 车八进九　马 4 退 2

13. 马三进五　车 5 平 6

14. 马五进六　车 6 进 1

15. 马六进四　炮 1 退 1

16. 炮六平二！（图2）炮 9 进 4？

17. 车三进一　车 6 退 3

18. 炮二进五　马 2 进 3？

19. 车三平五

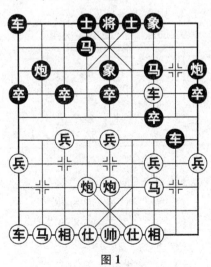

图1

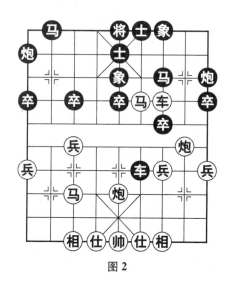

图 2

第159局 才溢负宗永生

(2005年太原蒲县煤运杯全国象棋个人赛)

1. 兵七进一　象3进5　　　　2. 炮二平五　马8进7

3. 马二进三　车9平8　　　　4. 车一平二　卒7进1

5. 车二进六　马2进4　　　　6. 马八进七　卒3进1

7. 兵七进一　车1平3　　　　8. 马七进六　车3进4

9. 炮八平六　车3进1

10. 炮六进六　车3平4

11. 炮六平九　炮8退1！（图1）

12. 相七进九　象5退3

13. 车九平七　象7进5

14. 炮九进一　炮2平4

15. 仕六进五　车4平2

16. 兵五进一　车2退5

17. 炮九退一　炮8平5

18. 车二平三　车8进2

19. 车七平六　车2进2

20. 兵五进一　卒5进1

21. 炮九进一　象5退7

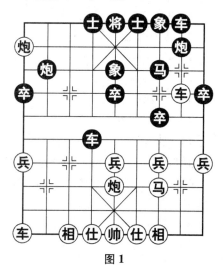

图 1

22. 车三退一　卒 5 进 1

23. 车六平七？炮 5 进 6

24. 相三进五　马 7 退 5！

25. 车三平五　车 8 平 5

26. 车五进二　象 7 进 5

27. 车七进四　炮 4 进 3

28. 车七进二　马 5 进 3

29. 炮九退一？（图 2）车 2 进 7

30. 仕五退六　马 3 退 1

31. 车七平五　卒 5 平 6

32. 兵三进一　卒 6 进 1

33. 马三进四　车 2 退 6

34. 车五退一　炮 4 平 7

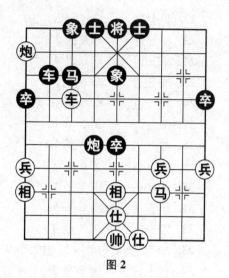

图 2

第 160 局　赵鑫鑫胜孙浩宇

（2010 年楠溪江杯全国象棋甲级联赛弈于永嘉）

1. 兵七进一　象 3 进 5

2. 炮二平五　马 2 进 4

3. 马二进三　卒 3 进 1

4. 兵七进一　车 1 平 3

5. 兵七平六　车 3 进 9

6. 炮八平七　车 9 进 1

7. 车一进一　车 9 平 6

8. 炮五平六　炮 2 平 4？（图 1）

9. 相三进五！车 3 退 2

10. 马八进七　炮 4 进 5

11. 车一平二！炮 4 平 7

12. 车二进六　炮 7 平 3

13. 车九平七　炮 3 平 1

14. 车二平五　士 6 进 5

15. 车五平二　马 8 进 9

16. 车七进八　车 6 进 6

17. 帅五进一　炮 1 平 4

18. 兵六平七　炮 4 退 1

19. 车七平六　炮 4 平 7

20. 车六退二　车 6 退 3

21. 车六平五　卒 7 进 1

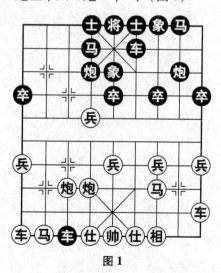

图 1

22. 兵七进一　将5平6
23. 相五退三　卒9进1
24. 车五退二　车6进4
25. 帅五退一　车6进1
26. 帅五进一　车6退1
27. 帅五退一　车6进1
28. 帅五进一　车6退1
29. 帅五退一　车6平3
30. 兵七进一　炮7平1
31. 车五平四　将6平5
32. 帅五平四　车3退4
33. 车四进四！（图2）炮1平9
34. 相三进五　炮9平7
35. 兵七进一　车3平4

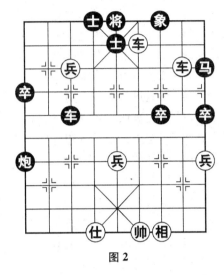

图2

36. 仕六进五　卒7进1

37. 兵七平六

第 161 局　蒋全胜负于幼华

（1997 年全国象棋团体赛弈于上海）

1. 兵七进一　象3进5
2. 炮二平五　马8进7
3. 马二进三　卒7进1
4. 车一平二　车9平8
5. 车二进六　炮8平9
6. 车二平三　马2进4
7. 炮八平六　车8进5
8. 兵五进一　车1平3
9. 车九进一　士4进5
10. 车九平六　卒3进1
11. 炮六平七　炮2平4
12. 马八进九　马4进2
13. 车六进二？（图1）车3平4
14. 兵五进一　卒5进1
15. 车三平八　车8平3
16. 炮七进一　马2退3
17. 车八平三　卒5进1

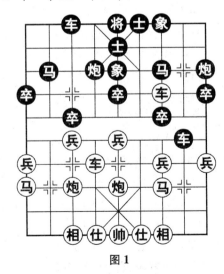

图1

18. 车六进三　马3进2　　　19. 车六平八　马2退1

20. 炮五平六　车3平4　　　21. 炮六进五　马7退8!

22. 车三平二　炮9平4　　　23. 车二进三　卒3进1

24. 炮七退二　炮4进7　　　25. 仕四进五　炮4平7

26. 相七进五　炮7退3　　　27. 车二退五　卒5平6

28. 车八退三　卒7进1　　　29. 相五进三　卒6平7

30. 车二进二　前车进1　　　31. 车八平六　车4进6

32. 车二平九　马1进2　　　33. 车九平五　炮7平1

34. 兵一进一　马2进1　　　35. 车五退四　马1进2

36. 车五平七　卒3平4　　　37. 炮七退一　卒4平5

38. 炮七平六　卒7进1

39. 马三退二　炮1退2!（图2）

40. 车七进一　车4平3

41. 马九进七　炮1进5

42. 炮六进六　炮1平8

43. 马七进五　卒7平6

44. 马五进四　卒6平5

45. 炮六平一　炮8退4

46. 马四退五　炮8退1

47. 马五进四　炮8平1

48. 炮一退一　马2进3

49. 帅五平六　炮1退3

50. 炮一平六　炮1平4

51. 马四进六　将5平4!

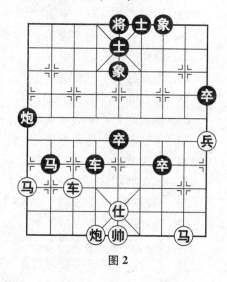

图2

第162局　赵鑫鑫负许银川

（2012年磐安伟业杯全国象棋个人赛）

1. 兵七进一　象3进5　　　2. 炮二平五　马2进4

3. 马二进三　车1平3　　　4. 车一平二　卒3进1

5. 炮八平七　马8进9　　　6. 车九进一　车9平8

7. 车九平六　马4进6　　　8. 车六进四　士6进5

9. 兵七进一　炮2平3　　　10. 车二进四?　卒5进1

11. 炮七进五　车3进2　　　12. 车二平七　炮8进2

13. 车六进一　车3进2

14. 车七进一　炮8平3

15. 炮五平八　车8进5！（图1）

16. 车六平八　车8平3

17. 相七进五　车3进1

18. 兵九进一　卒9进1

19. 马八进六　车3平4

20. 车八平七　将5平6

21. 炮八进七　将6进1

22. 马六进四　车4平5

23. 马四进三　车5平2

24. 炮八平九　卒5进1

25. 前马进一　车2退6

26. 炮九退二　将6退1

28. 马一进二　炮3平2！

30. 相五退七　车2平3

32. 马三退五　马8进7

34. 车八退二　车3进8

35. 炮九平四　士5进6

36. 马四退六　卒5进1！（图2）

37. 马五进三　车3进1

38. 车八平九　车3平2

39. 马六退五　马7退5

40. 相三进五　马5进3

41. 车九退一　马3进5

42. 帅五进一　马5退3

43. 马五进四　马7退5

44. 马三进五　士4进5

45. 马五退七　车2平3

46. 马四退五　马5退3

47. 车九平六　马3进1

49. 仕四进五　炮1退5

51. 兵三进一　炮1平7

53. 帅四退一　炮7退3

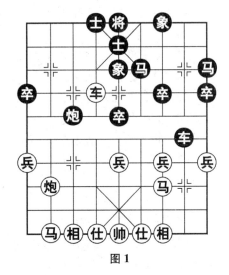

图1

27. 兵三进一　马9进8

29. 车七退二　炮2进5

31. 车七平八？　炮2平1

33. 马二退四　卒5进1

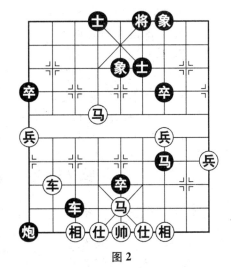

图2

48. 帅五平四　马1退3

50. 车六进五　卒7进1

52. 兵一进一　将6平5

54. 帅四平五　士5进4

55. 车六平八　炮 7 平 4　　　56. 马七进八　车 3 退 3

57. 马五进六　车 3 平 9　　　58. 车八进三　炮 4 退 1

59. 车八退三　马 3 进 2

第 163 局　苗永鹏胜蒋全胜

（1998 年深圳全国象棋个人赛）

1. 兵七进一　象 3 进 5　　　2. 炮二平五　马 8 进 7

3. 马二进三　卒 7 进 1　　　4. 车一平二　车 9 平 8

5. 车二进六　炮 8 平 9　　　6. 车二平三　马 2 进 4

7. 炮八平六　士 4 进 5　　　8. 马八进七　车 8 平 5

9. 兵五进一　车 8 平 5　　　10. 炮六退一　车 5 平 3

11. 马三进五　车 3 进 1　　　12. 车九平八　炮 9 退 1

13. 车八进四　车 1 进 1　　　14. 车八平六　车 1 平 2

15. 炮六平七　车 3 平 2　　　16. 马五进六　炮 9 平 7

17. 车三平四　炮 2 平 4？（图 1）

18. 马六进七　炮 7 平 9

19. 车四进二　炮 9 进 1

20. 炮七平五　后车平 3

21. 后马进八　将 5 平 4

22. 后炮平七　卒 1 进 1

23. 兵三进一　炮 9 进 4

24. 炮五进五！炮 9 平 3？

25. 炮七进五　车 3 退 4

26. 炮七进二　炮 3 平 5

27. 仕四进五　车 2 平 3

28. 炮七退二　卒 7 进 1

29. 相三进五　将 4 平 5

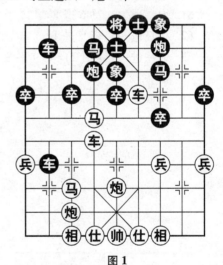

图 1

30. 炮七退二　炮 5 平 6　　　31. 车四退一　士 5 进 6

32. 车六进三　车 3 平 2　　　33. 马八进七　马 4 进 2

34. 车六平四　马 7 进 8　　　35. 车四退二　马 8 进 7

36. 相五进三　车 2 退 3　　　37. 马七退六　车 2 平 4

38. 马六退四　象 7 进 5　　　39. 车四进二　将 5 进 1

40. 车四进二　马 2 进 3　　　41. 车四退五　车 4 进 3

42. 马四进六　马7退5　　　　**43.** 马六进五　马3退5

44. 车四平五　马5进3　　　　**45.** 车五进一　车4平1

46. 仕五进六　车1平6　　　　**47.** 车五进二　将5平6

48. 车五进一　将6退1　　　　**49.** 仕六进五　卒1进1

50. 车五平八　马3进5

51. 车八退三　卒1平2

52. 炮七退三　卒2进1

53. 车八平五　马5进7

54. 炮七进五　卒2平3

55. 炮七平二　卒3平4

56. 炮二退六　马7进8

57. 车五平二　车6进2

58. 车二退三　卒9进1

59. 炮二平一　卒9进1

60. 炮一进一　马8进6

61. 炮一退一　马6退8

62. 相三退一　卒9进1

63. 炮一进一!（图2）卒9平8　　　**64.** 炮一平四

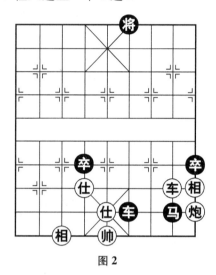

图2

第五章 马二进一

第164局 谢靖负柳大华

（2010年伊泰杯全国象棋精英赛弈于鄂尔多斯）

1. 兵七进一　象3进5
2. 马二进一（图1）卒9进1
3. 炮八平五　马8进9
4. 马八进七　马2进3
5. 车九平八　车1平2
6. 车一进一　车9进1
7. 车一平四　车9平4
8. 车八进六　士4进5
9. 车四进四　车4进5
10. 炮二平四　车4平3
11. 相七进九　炮2平1
12. 车八平七　车2平4
13. 兵三进一　炮1退2

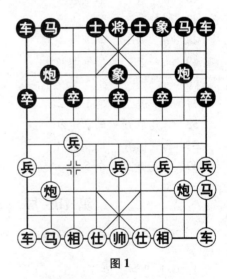

图1

14. 马一进三？炮1平3
15. 车七平八　马3进4
16. 兵七进一　马4进5
17. 马七进五　车3平5
18. 马三退一　炮8进5!
19. 车八退四　车4进5
20. 车四平一　车4平7
21. 仕六进五　炮8退3!
22. 车一退一　车7进4
23. 兵七进一　车7退5
24. 车一平二　车7平3
25. 兵七平六　炮8平7
26. 炮四平三　车3平4
27. 兵六平五　车5退3
28. 兵一进一　车4进2
29. 兵一进一　炮3平4
30. 兵一进一　马9退7
31. 兵一平二　车4平9

32. 马一退二 车9平1	33. 马二进四 车5平3
34. 马四进二 车1平7	35. 炮三平四 车7平5
36. 炮四平三 马7进6	37. 兵二平三 马6进4
38. 马二进一 车3平7！（图2）	

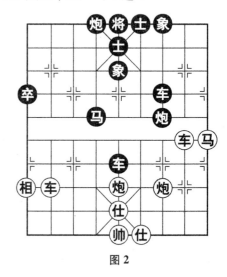

图2

39. 车二进二 车7退1	
40. 车二退一 马4进6	
41. 马一进三 马6进7	
42. 马三退二 车7进4	
43. 马二进一 车7退4	
44. 马一退二 车7进1	
45. 车八平七 卒1进1	
46. 相九退七 卒1进1	
47. 车七进二 车7进3	
48. 马二进一 卒1进1	
49. 马一进二 车7退4	
50. 马二进一 车5平9	

51. 马一退二 卒1平2	52. 炮五平九 卒2平1
53. 炮九平五 马7进9	54. 马二退三 车9平5
55. 马三退五 马9退8	56. 车二平四 车7平6！
57. 马五进四 车5退3	58. 车七退一 车5平6

第165局　李鸿嘉胜黄伟

（2013年四川眉山首届鸿通"金色春天房产杯"中国象棋公开赛）

1. 兵七进一 象3进5	2. 马二进一 马8进7
3. 炮二平三 车9进1	4. 车一平二 炮8平9
5. 炮三进四 马2进4	6. 炮八平三 卒3进1
7. 兵七进一 车1平3	8. 车二进五 马4进6
9. 马八进九 车3进4	10. 车二平七 象5进3
11. 车九平八 炮2平1	12. 相七进五 象7进5
13. 车八进六 马6进5	14. 前炮平二 车9平8？（图1）
15. 炮三进五 炮1平7	16. 车八平五 炮9进4？
17. 兵五进一 炮9平1	18. 马九进七！（图2）炮1进3
19. 帅五进一 炮7进1	20. 炮二退二

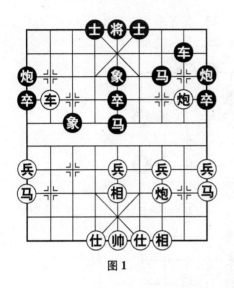

图1

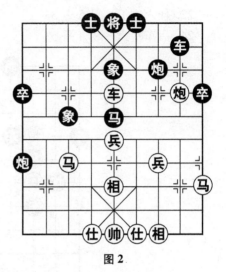

图2

第 166 局　李鸿嘉胜胡永辉

（2011 年东莞凤岗季度象棋公开赛）

1. 兵七进一　象 3 进 5
2. 马二进一　卒 9 进 1
3. 炮二平三　马 8 进 9
4. 车一平二　车 9 进 1
5. 炮八平五　车 9 平 4
6. 炮五进四　士 4 进 5
7. 兵五进一　车 4 进 3
8. 炮五退一　马 2 进 4
9. 马八进七　卒 3 进 1
10. 兵七进一　车 4 平 3
11. 相七进五　马 4 进 5?（图1）
12. 车九平八　车 3 进 2
13. 马七进五　马 5 进 3
14. 马五进七　车 1 平 4
15. 炮三进四　车 4 进 6
16. 炮三平七!　车 4 退 3?
17. 车二进七　将 5 平 4
18. 车二进一　炮 2 进 3
19. 炮五进三!（图2）士 6 进 5
20. 兵五进一　炮 2 进 1
21. 车二平五　马 3 进 5

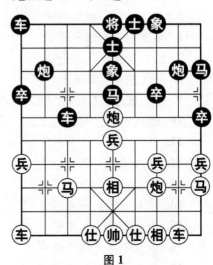

图1

22. 仕六进五　马5退3　　　23. 车五平八　车4平3

24. 后车平六　将4平5　　　25. 车六进八

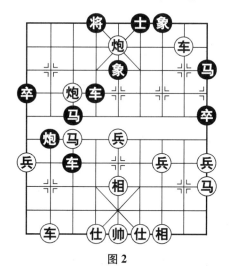

图2

第167局　庄玉庭胜谢丹枫

（2010年石家庄藏谷私藏杯全国象棋个人赛）

1. 兵七进一　象3进5　　　2. 马二进一　卒7进1

3. 炮二平四　马8进7　　　4. 车一平二　车9平8

5. 车二进六　炮8平9

6. 车二平三　炮9退1

7. 相七进五　马2进4

8. 马八进七　车1平3

9. 马七进八！（图1）炮2平4

10. 炮八平七　卒3进1

11. 仕六进五　士6进5

12. 马八进九　车8进2?

13. 兵七进一　车3平1

14. 兵七平六！马4进2

15. 炮七平九　车1平3

16. 车九平八　马2退4

17. 马九进八　炮4平2

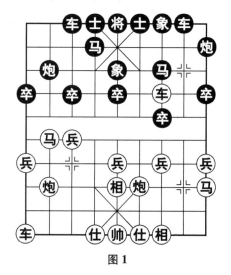

图1

210

18. 炮九平六　车 3 进 2
19. 兵六进一　炮 2 平 1
20. 炮六进六！炮 9 平 4
21. 兵一进一　炮 4 平 3
22. 车八进四　车 3 进 4
23. 马八退七　炮 1 平 3
24. 马七进九　后炮平 4
25. 马九进八　炮 3 退 2
26. 车八进四　炮 4 平 3
27. 兵九进一　卒 5 进 1？
28. 兵六平七！（图 2）车 3 平 5
29. 车八平七　车 5 平 2
30. 马八退九　卒 5 进 1
31. 车七进一

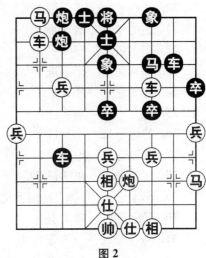

图 2

第 168 局　黄海林胜王新光

（2010 年楠溪江杯全国象棋甲级联赛弈于永嘉）

1. 兵七进一　象 3 进 5
2. 马二进一　马 8 进 7
3. 炮二平三　炮 8 进 2
4. 马八进七　马 2 进 4
5. 相七进五　卒 3 进 1
6. 兵七进一　车 1 平 3
7. 兵七平六　车 3 进 6
8. 兵三进一　车 9 平 8
9. 车一进一　炮 8 平 9？（图 1）
10. 车九平七　车 8 进 4
11. 车一平六　炮 9 平 3？
12. 相三进一　炮 2 平 4
13. 兵六平七　士 6 进 5
14. 车六进四　车 3 退 2
15. 车六平二　车 3 平 8
16. 马七进八　象 5 进 3
17. 炮三进四　炮 4 平 3
18. 车七平八　象 3 退 5
19. 车八平七　象 5 进 3

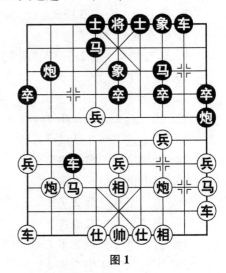

图 1

20. 炮八平七　象3退1
21. 炮七平九　炮3平5
22. 车七进八！车8平2
23. 马八退七　车2进3
24. 炮九退一　卒5进1
25. 炮九平三　马4进5
26. 前炮平二　卒5进1
27. 兵五进一　炮5进3
28. 仕四进五　象7进5？
29. 车七退四！（图2）炮5退1
30. 马七进六　象1退3
31. 马六进五？马7进5
32. 车七平五　炮5进3？
33. 仕五进六

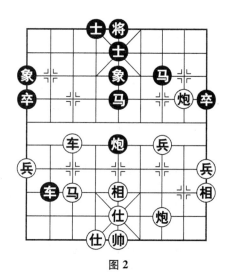

图2

第169局　庄玉庭胜李定威

（1997年漳州全国象棋个人赛）

1. 兵七进一　象3进5　　　2. 马二进一　马8进7
3. 马八进七　车9进1　　　4. 相七进五　车9平3
5. 炮二平三　卒3进1　　　6. 车一平二　炮8平9
7. 兵七进一　车3进3
8. 炮八退一　卒7进1
9. 车二进八　炮2平3？（图1）
10. 炮八平七　车3平2
11. 炮七平三　马7进6
12. 兵三进一　炮9平7
13. 前炮进三！车2进3
14. 后炮进一　象5进7
15. 马七进六！马6进4
16. 炮三平八　马2进1
17. 车二平八　马1进3
18. 兵三进一　炮3平5
19. 车八退二　炮5进4

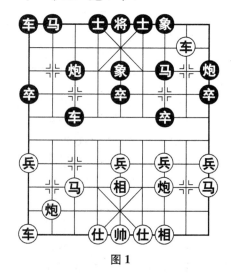

图1

20. 仕四进五　炮 7 平 3	21. 兵九进一！车 1 进 1
22. 车九进三　炮 5 平 3	23. 仕五进六　车 1 平 7
24. 兵三平四　车 7 平 6	25. 仕六进五　车 6 进 3
26. 炮八退一　前炮平 2	27. 相五进七　炮 2 退 2
28. 相三进五　炮 3 平 5	29. 车九平三　车 6 平 8
30. 炮八平九　炮 2 平 7	
31. 炮九进五　炮 5 平 7	
32. 车三平八　后炮进 1	
33. 前车进一　车 8 进 3	
34. 前车平七　前炮平 4	
35. 车八进五　马 3 退 1	
36. 炮九平三　车 8 平 9	
37. 车八平四　马 1 进 2	
38. 车七退二！（图 2）炮 4 平 5	
39. 车七平八　车 9 进 2	
40. 车四退八　车 9 退 3	
41. 炮三退二　象 7 进 5	
42. 车八平六　马 4 进 6	
43. 炮三平五	

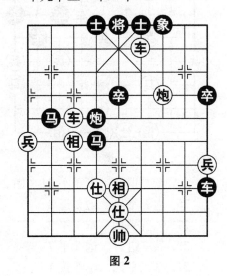

图 2

第 170 局　柳大华负李鸿嘉

（2009 年九城置业杯中国象棋年终总决赛弈于上海）

1. 兵七进一　象 3 进 5	2. 马二进一　卒 9 进 1
3. 炮八平五　马 2 进 4	4. 车一进一　马 8 进 9
5. 车一平六　车 1 进 1	6. 车六进四　士 4 进 5
7. 马八进七　炮 8 平 7	8. 车九平八？炮 2 退 2
9. 车八进六　卒 7 进 1	10. 炮二平四　炮 2 平 4
11. 车六平四　车 9 平 8	12. 仕四进五　车 8 进 5
13. 兵五进一？（图 1）车 8 平 5	14. 车四退二　车 5 平 3
15. 相七进九　车 3 退 1	16. 车四进五　士 5 进 6
17. 马七进五　炮 7 进 1	18. 炮四平二　马 9 进 8
19. 炮二进二　炮 7 平 6	20. 车四平二　车 3 进 2？
21. 炮二退一？炮 6 进 3	22. 马五进四？炮 6 平 8

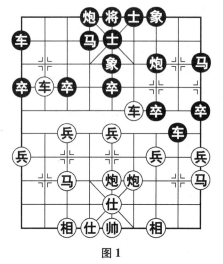

图1   图2

23. 车二退三	车3平2！（图2）	24. 车八退三	炮8平2
25. 炮五平八	炮2退2	26. 兵三进一	炮2平5
27. 帅五平四	车1平2	28. 车二退三	车2进4
29. 兵三进一	炮5平7	30. 帅四平五	士6进5
31. 车二平四	卒5进1	32. 炮八平七	马4进5
33. 车四平六	车2进2	34. 炮七退一	车2平4
35. 仕五进六	炮4平1	36. 相九进七	炮1进6
37. 炮七进五	炮1进3	38. 仕六进五	炮1平7
39. 马一进三	前炮平8	40. 帅五平六	炮8退4
41. 炮七平八	卒1进1	42. 炮八退五	炮8平4
43. 帅六平五	炮4进1	44. 马三退二	炮4退2
45. 马四退三	卒1进1	46. 仕五进四	炮4进2
47. 炮八平四	卒1平2	48. 相七退九	炮4平1
49. 炮四退一	马5进3	50. 仕四退五	炮7退3
51. 炮四平一	马3进2	52. 炮一进五	炮7平6！
53. 炮一平四	炮6进3	54. 马三进四	马2进3
55. 帅五平四	马3退1	56. 马二进四	马1退3
57. 兵一进一	卒5进1	58. 前马进六	卒5平6
59. 兵一进一	卒6进1	60. 马四进二	卒6平7
61. 马二退三	炮1进1	62. 马六退四	马3退5

第171局 李鸿嘉胜张亮

（2011年中国移动幸福惠州象棋公开赛）

1. 兵七进一	象3进5	2. 马二进一	马8进9
3. 炮八平五	车9进1	4. 马八进七	车9平4
5. 兵一进一	车4进5	6. 炮五进四	士4进5
7. 车九平八	马2进4	8. 炮五平一	车1平3
9. 相三进五	卒3进1	10. 兵七进一	车3进4
11. 炮二平四	车4平3	12. 车一平二	后车平6

13. 仕六进五 炮8平6

14. 炮四进五?（图1）炮2平6

15. 马七退六 车3平5

16. 车二进四 马4进2

17. 车八进六 车5平1

18. 车二平七 车1退2

19. 马六进七 车6平8

20. 车七平二 车8平5

21. 炮一退一! 车1进5

22. 马一退三 卒1进1

23. 炮一进一 马2退3

24. 车八平五 车5平7

25. 马三进四 车7平3

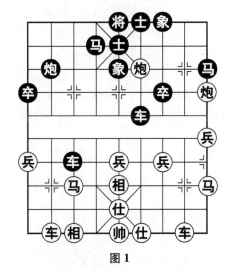

图1

26. 车五平七	马3进4	27. 车七退一	马4进3
28. 兵一进一	车1退4	29. 车二平九	卒1进1
30. 马四进五	卒7进1	31. 兵一平二	马9退8
32. 炮一平四	马8进9?	33. 兵二平三	马9退7
34. 炮四退一	马7进9?	35. 后兵进一	炮6进1
36. 马五进七	炮6平4	37. 后马进五	象5进7
38. 兵三进一	象7进5	39. 马五进六	马3进4
40. 马六进四	卒1平2	41. 炮四退四	卒2平3
42. 马七进九	卒3进1	43. 马九进七	炮4退2
44. 仕五进六	卒3进1	45. 仕四进五	马4退6
46. 相五进三	马9退8?	47. 马四进三	将5平4

48. 马三退五　马8进7

49. 炮四平一　马7进9

50. 兵三平二！（图2）炮4进1

51. 兵二进一　马9退8

52. 炮一进八　将4进1

53. 马七退九　士5退4

54. 炮一退一　马8进6

55. 马五进四　将4平5

56. 马四退二　将5进1

57. 马九进七　炮4退1

58. 炮一平六　后马退8

59. 炮六退四　将5退1

60. 炮六平八　马8进6

61. 炮八进四　后马退4

62. 相七进五　马6退4

63. 兵二平三　前马退5

64. 马七退六　将5退1

65. 兵三平四　士4进5

66. 马六进五

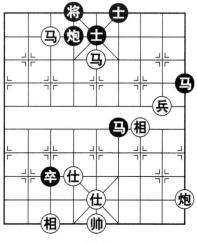

图2

第172局　潘振波胜朱琮思

（2011年五龙杯全国象棋团体赛弈于赣州）

1. 兵七进一　象3进5

2. 马二进一　马8进7

3. 炮二平四　车9进1

4. 车一平二　炮8平9

5. 相七进五　车9平4

6. 马八进七　车4进3

7. 仕六进五　炮2平4

8. 炮八退二！（图1）卒7进1

9. 炮八平六　马7进6

10. 车二进六　卒7进1？

11. 车二平五　炮4进7

12. 车九平六　车4进5

13. 仕五退六　马2进4

14. 车五平三　马6进7

15. 马一进三　卒7进1

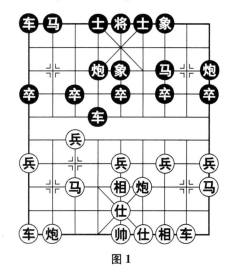

图1

16. 车三退三　马4进6
17. 马七进六　士4进5
18. 马六进四　车1平4
19. 炮四进五　士5进6
20. 车三进三　炮9进4
21. 车三平七　卒1进1？
22. 马四进六　士6进5
23. 兵五进一　车4平2
24. 车七平九　象5退3
25. 车九退一　车2进6
26. 车九平三　象7进5
27. 车三平二　象5退7
28. 兵九进一　车2平4
29. 车二进一　卒9进1
30. 兵五进一　车4退1
31. 兵九进一　炮9平4
32. 马六进七　将5平6
33. 兵七进一　炮4平5
34. 仕四进五　车4平3
35. 兵五平六　车3平7
36. 相三进一　车7进2
37. 车二退三　炮5退1
38. 车二进一　炮5进1
39. 车二退一　炮5退1
40. 车二进一　炮5进1
41. 车二退一　炮5退1
42. 车二进一　炮5进1
43. 帅五平四　车7平9
44. 马七退六　车9进2
45. 帅四进一　车9退3
46. 车二平四　将6平5
47. 马六进七　将5平6
48. 马七退六　将6平5
49. 马六进七　将5平6
50. 兵七进一　炮5平3
51. 马七退六　将6平5
52. 马六进四！（图2）士5进6

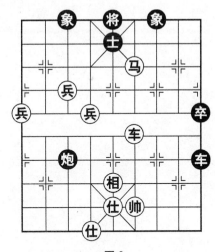

图 2

53. 车四进三　炮3进2
54. 仕五进六　车9平4
55. 兵六进一　炮3平4
56. 车四进二　将5进1
57. 车四退一　将5退1
58. 车四进一　将5进1
59. 车四退一　将5退1
60. 车四进一　将5进1
61. 车四平七　卒9进1
62. 车七平三　卒9进1
63. 车三退三　车4平5
64. 帅四平五　炮4平2
65. 车三平五　车5退3
66. 兵六平五　炮2退8
67. 兵七平六　卒9平8
68. 兵九平八　卒8平7
69. 兵八平七　卒7平6
70. 兵五平四　将5平6

71. 兵七平六　炮 2 平 6　　　　**72.** 前兵平五　将 6 平 5

73. 兵六进一　将 5 平 6　　　　**74.** 兵六进一　炮 6 平 5

75. 兵五进一　炮 5 平 6　　　　**76.** 兵四平三　炮 6 平 9

77. 兵三进一